第七册

一行　欽定四庫全書

二行　欽定西清硯譜目録

此行低一格　○　第七冊　○

此行移在上行冊字下空二格寫　石之屬

以下皆低二格　○○晉王廞辟水暖硯　乾清宮

○○晉王蘭堂硯　乾清宮

○○唐褚遂良端溪石渠硯

○○唐觀象硯　乾清宮

○○唐菱鏡硯　乾清宮

欽定西清硯譜　一

欽定西清硯譜

宋宣和梁苑雕龍硯 養性殿

宋宣和海珠硯

宋宣和洗象硯

宋宣和風字暖硯

晉王廞辟水暖硯正面圖

繪圖十分之七

晉王廙辟水暖硯背面圖

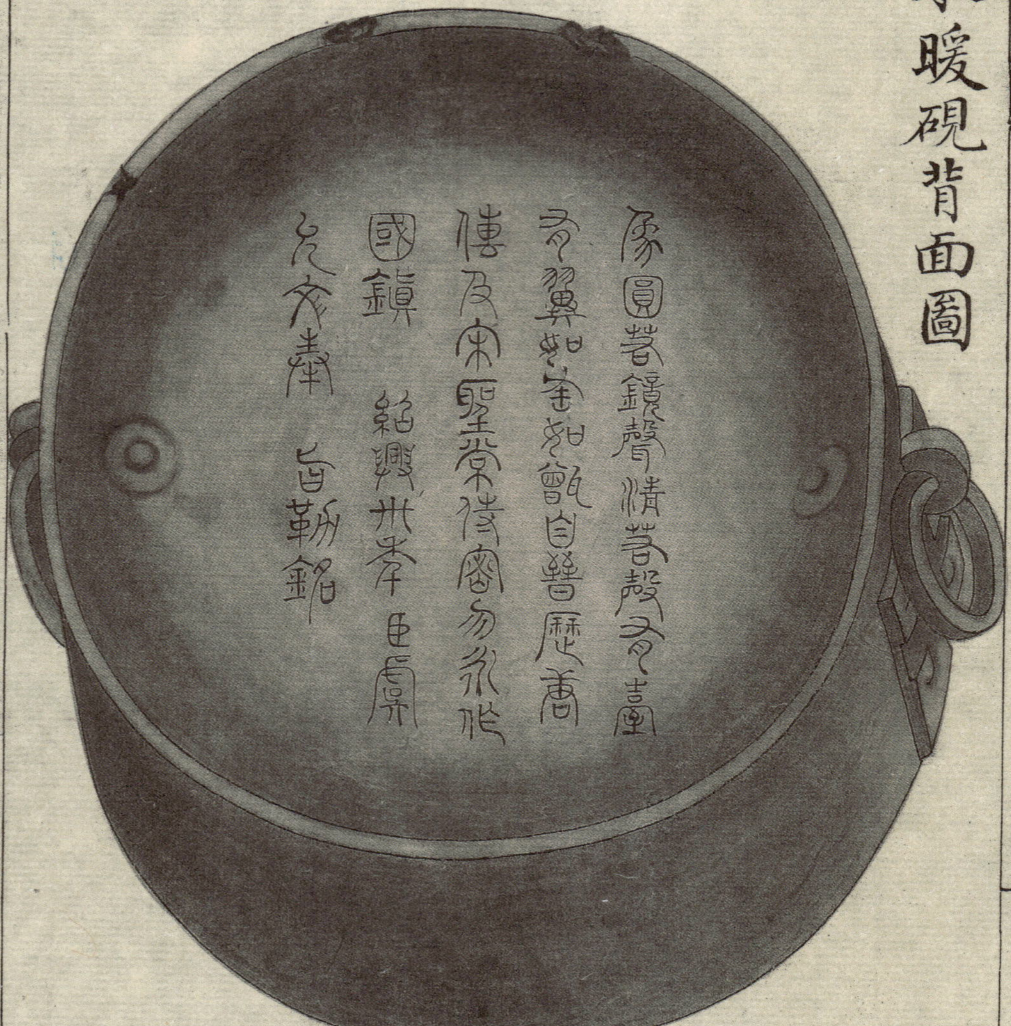

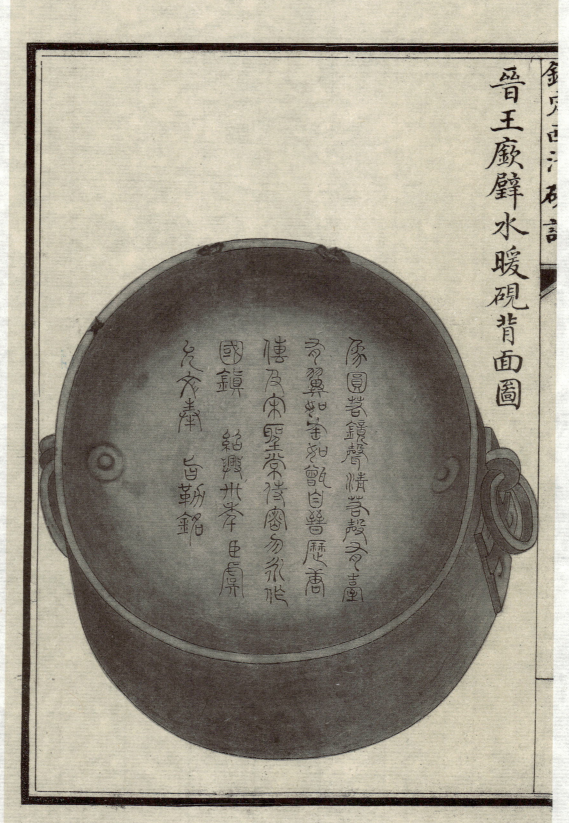

晉王廞辟水暖硯側面銘欵圖

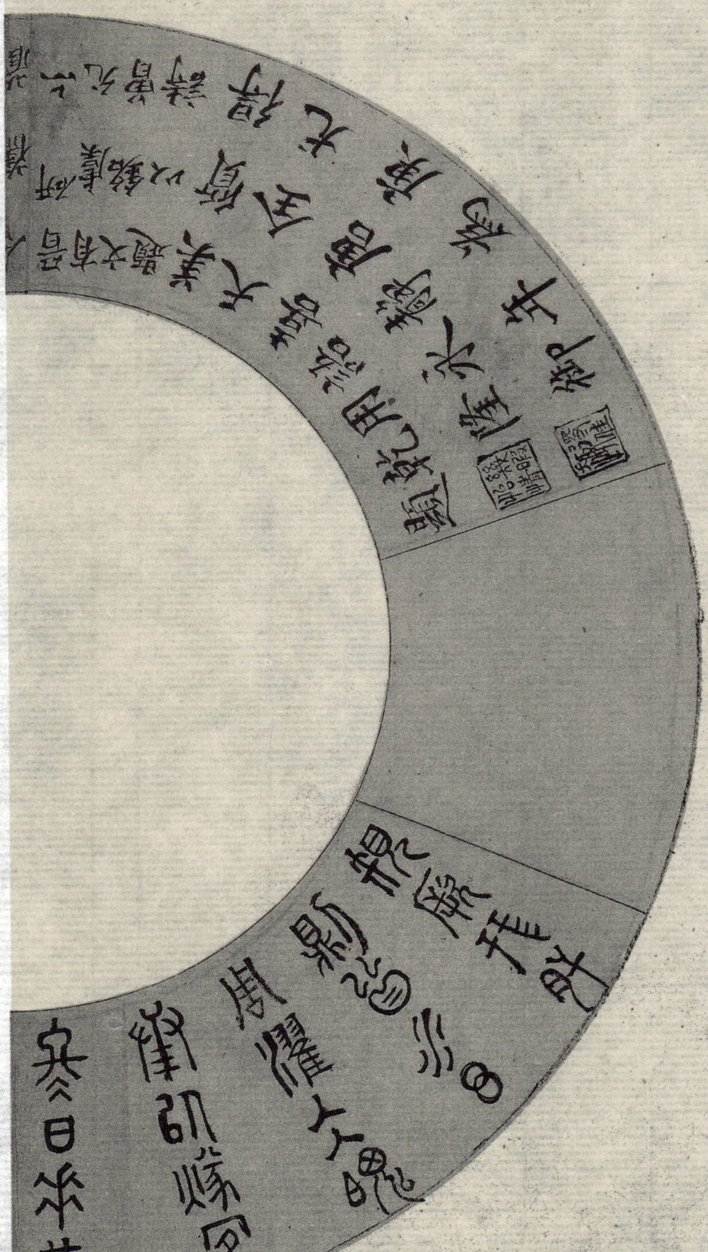

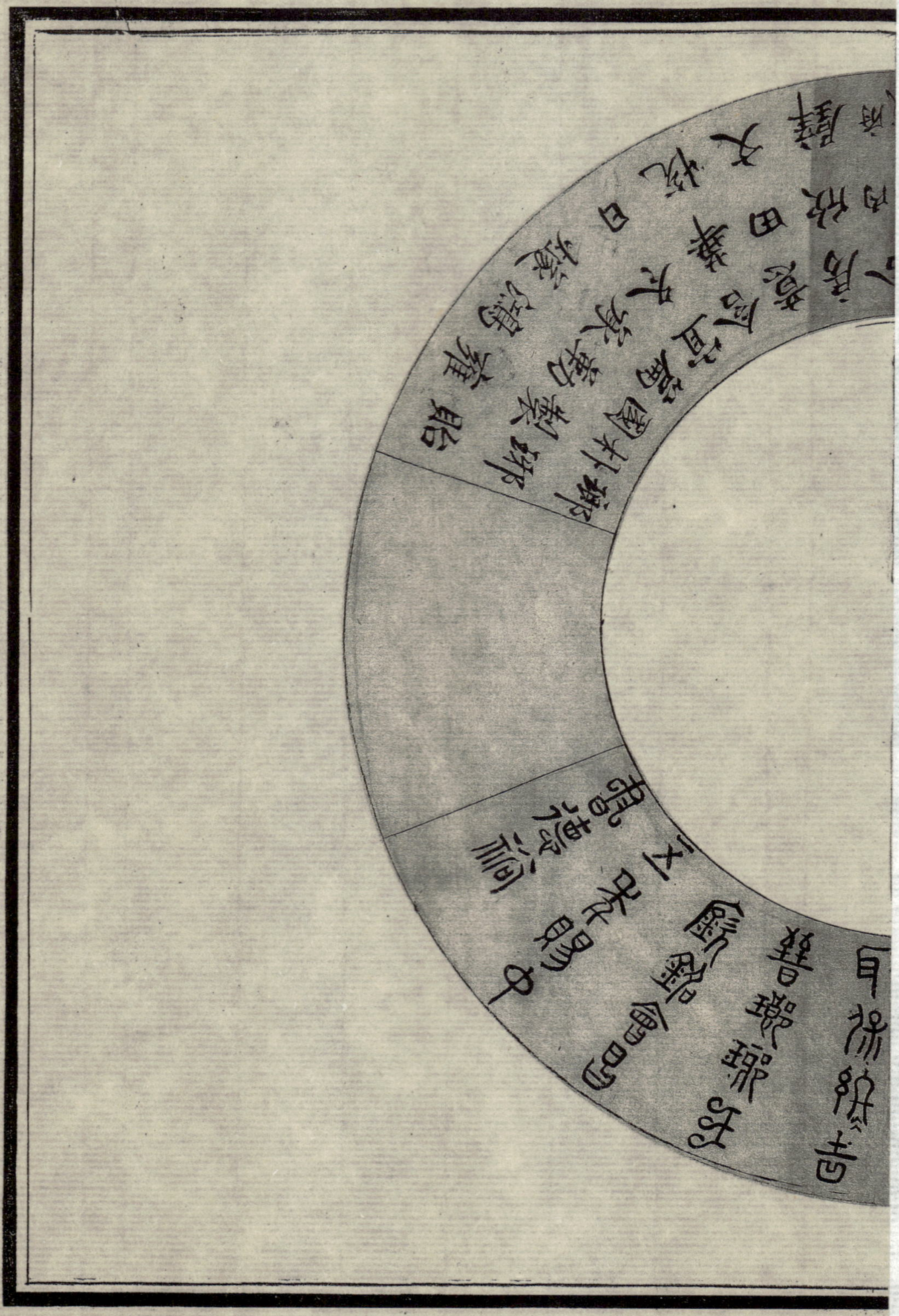

晉王廞辟水暖硯説

硯圓如辟外環以渠徑五寸八分厚一寸五分旁綴獸面銅環上直透硯背堅緻古樸上方側面自左至右鐫

御題詩一首楷[行]書鈐寶二曰幾暇怡情曰得佳趣下方側面自右至左鐫銘二十四字署款曰晉瑯琊王廞銘六字後有會昌五年賜中書德裕九字皆篆書硯形如覆釜背鐫銘三十二字署款曰紹興卅

年臣虞允文奉旨勒銘十二字亦俱篆書卌字微
刓缺不可辨考晉書王廞官至司徒左長史於義
之為羣從行亦能書今淳化閣所載告誘靜媛帖
即其書蹟唐李德裕以武宗會昌元年同平章事
四年加太尉賜爵衛國公至宣宗大中元年罷政
分司此云五年正德裕在中書時所受賜也宋高
宗紀元建炎五年改元紹興三十二年虞允文以
紹興二十三年登進士第除秘書丞累遷禮部郎

三十年十月借工部尚書充賀正使使還除中書舍人直學士院奉勅作銘當在允文未出使時刓處為卅字無疑是硯質理紫潤絶類端石考宋李之彥硯譜載會稽老叟云是右軍之後持一硯色正赤不減端石又晉傅休奕硯賦云採陰山之潛璞簡衆材之攸宜節方圓以定形鍜金鐵而為池竊意端溪巖石雖自唐著名晉魏以前必已有取為硯材者而圓池銅耳亦與休奕賦語相合想見

晉時舊製如此也硯爲
內府所藏向陳
乾清宫西暖閣几上匣蓋内鐫
御題詩與硯同鈐寶二曰乾隆御賞曰幾暇怡情匣底
上鐫晉硯二字楷書下鈐寶一曰乾隆御玩

次行平行写

御製題晉王廞辟水暖硯

瑯琊貽朴製雍國勒鴻篇承燧宜冬日含華悅意田文房欣辟合內府舊藏晉研亦有虞允文銘曾題以詩美質得天全尤喜唐庚語靜為用永年

晉王廞銘　規廞形肝則白水環周濯氷睍承以燧宜冬日垂黃耳保終吉

虞允文銘　象圓若鏡聲清若磬有臺有翼如釜（如）受甗自晉歷唐傳及宋聖常侍密勿永作國鎮

五

晉玉蘭堂硯正面圖 繪圖十分之八

六

晉玉蘭堂硯背面圖

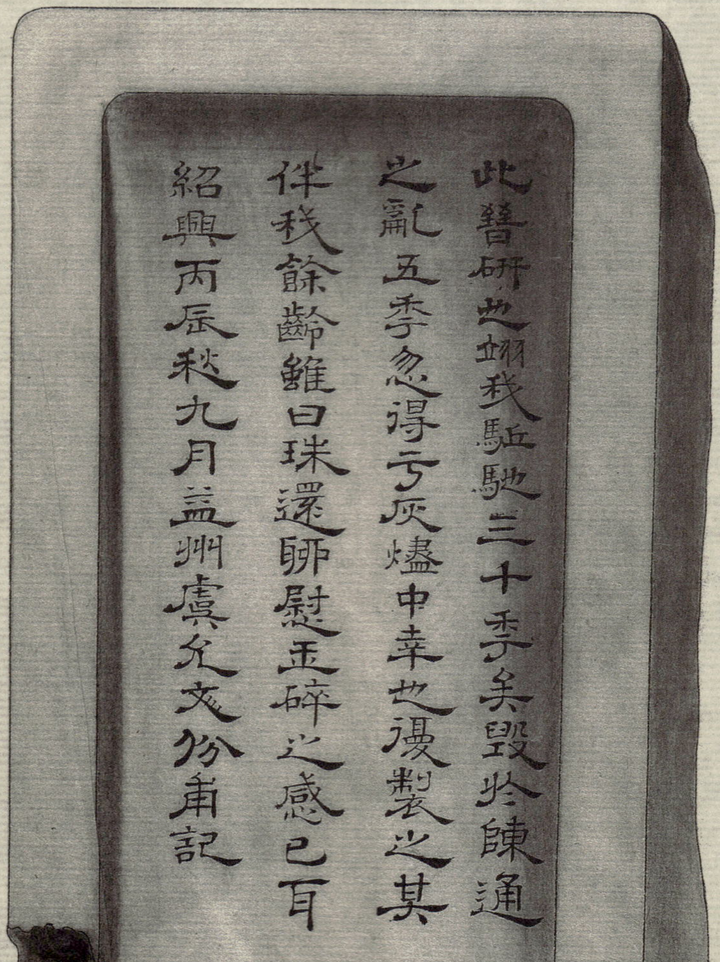
此晉研也從我駈馳三十季矣毀於陳通
之亂五季忽得于灰燼中幸也復製之其
伴我餘齡雖曰珠還聊慰玉碎之感已耳
紹興丙辰秋九月益州虞允文彬甫記

晉玉蘭堂硯左右側面圖

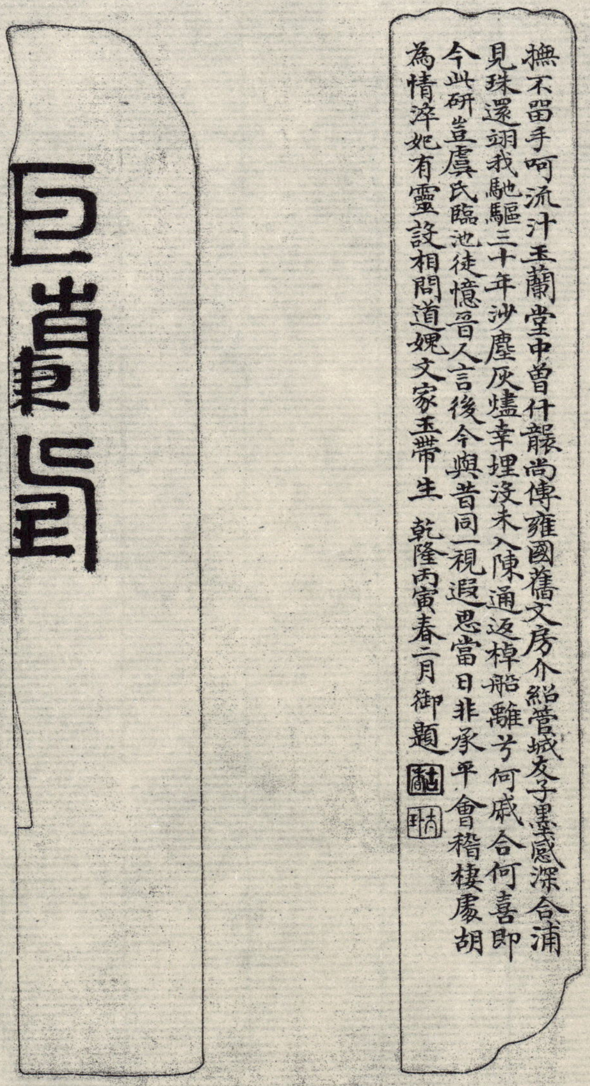
撫不留手呵流汁玉蘭堂中曾什襲尚傳雍國舊文房介紹管城友子墨感深合浦
見珠還翊我馳驅三十年沙塵灰燼幸埋沒未入陳通返棹船離兮何戚合何喜即
今此研豈虞氏臨池徒憶晉人言後今與昔同一視遐思當日非承平會稽棲處胡
為情淬妃有靈設相問道婗文家玉帶生 乾隆丙寅春二月御題

晉王蘭堂硯說

硯高五寸五分寬三寸五分厚八分許似端石而有芒中多黃點如漱金受墨處寬平微凹斜通墨池中矗石柱一而竅其首當是先有水蛀痕而脫落如管上方左角刓剝左側鐫王蘭堂三字僅存其半右側鐫

御題七言古詩一首楷書鈐寶二曰古香曰太璞硯背霞手鐫識語四十八字署紹興丙辰秋九月孟州

虞允文份甫記欵十五字俱隸書考宋史虞允文字彬甫隆州仁壽人七歲能屬文即以父任入官建炎元年丁未即靖康二年高宗以是年四月即位建元建炎八月勝捷軍校陳通作亂於杭州執帥臣葉夢得殺漕臣吳昉允文本傳雖不載其時任何職據硯銘云馳驅三十年又云毀於陳通之亂當是以父蔭為漕屬也五年辛亥改元紹興銘云丙辰則紹興六年也距建炎元年丁未已十年

而云五年得於灰燼中蓋爲紹興元年而改製破
硯時又踰五年也王蘭堂無考銘云此晉硯當是
晉時製硯者所署故允文改作時愛而不忍去也
隆州熙寧初廢至孝宗隆興五年復升爲州屬成
都路允文銘硯時州尚未復故止署益州也仍即
古文彬字從篆書也是硯石質既古雖重經改作
而彌覺渾璞爲
内府舊藏向陳

乾清宮東暖閣几上匣盖外鐫

御題詩與硯同鈐寶二曰乾隆御賞曰幾暇怡情內鐫

晉硯二字楷書鈐寶一曰乾隆御玩匣底鐫[鈐]寶二

曰乾隆

御製題晉王蘭堂硯

撫不留手呵流汁王蘭堂中曾什襲尚傳雍國舊文房分紹管城友子墨感深合浦見珠還翊我馳驅三十年沙塵灰燼幸埋沒未入陳通返棹船離兮何戚合何喜即今此研豈虞氏臨池徒憶晉人言後今與昔同一視遐思當日非承平會稽棲處胡為情淬妃有靈設相問道媿文家王帶生

虞允文識語

此晉研也翊我馳驅三十年矣毀

十

於陳通之亂五年忽得于灰燼中幸也復製之其
伴我餘齡雖曰珠還聊慰玉碎之感已耳

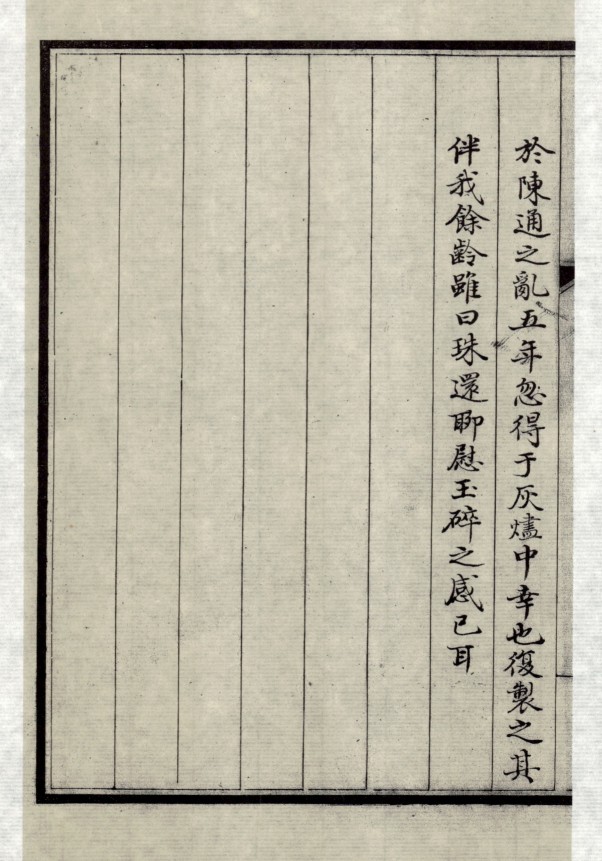

唐褚遂良端溪石渠硯正面圖

繪圖十分之七

唐褚遂良端溪石渠硯背面圖

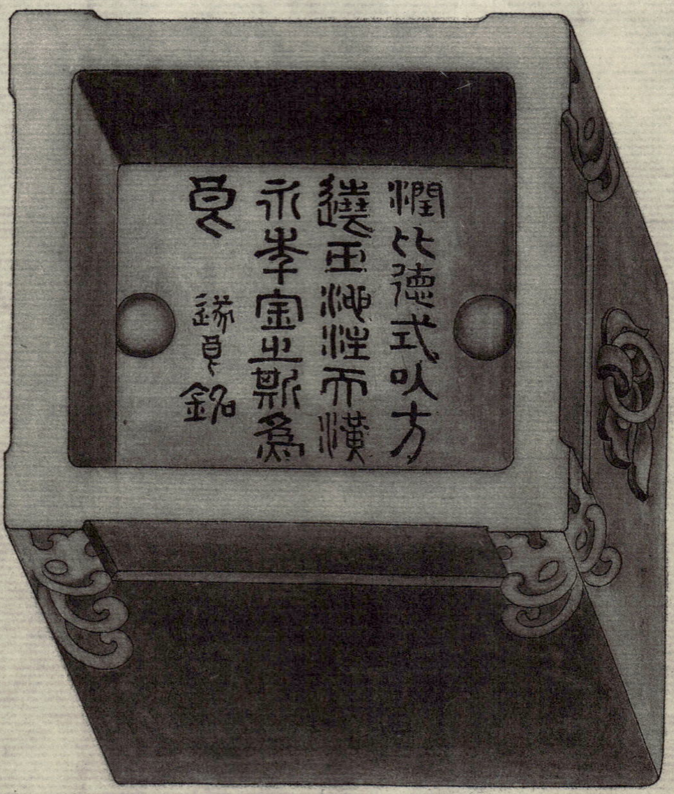

唐褚遂良端溪石渠硯側面圖

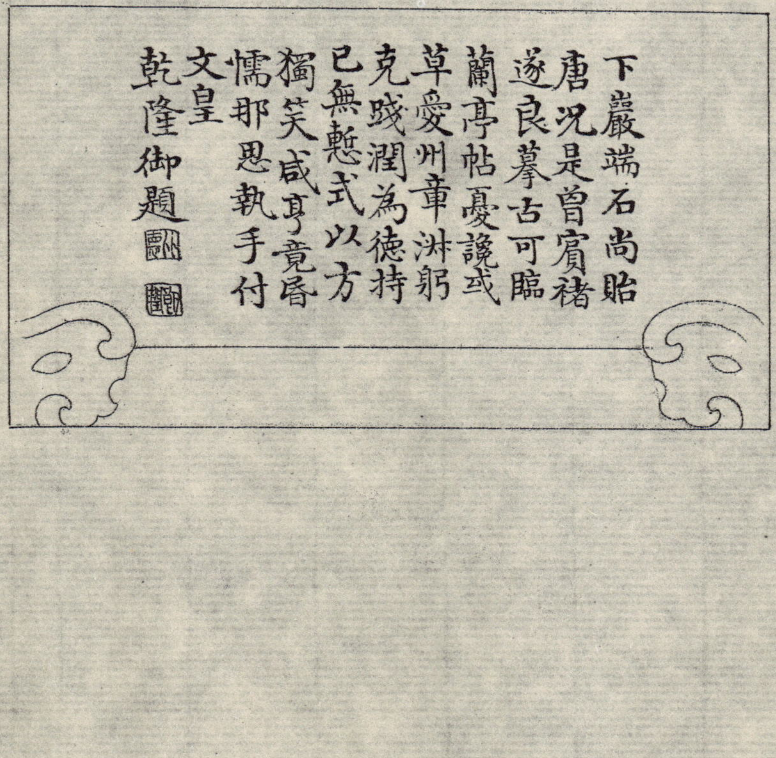

唐褚遂良端溪石渠硯説

硯高三寸九分寬四寸二分厚二寸二分端溪石為之受墨處微凹周環以渠深二分許廣三分上方墨池較渠深半分廣倍之墨鏽厚裹四邊俱有剥蝕左右側面綴獸面二各銜銅環一釘透覆手下方側面鐫

御題詩一首楷書鈐寶二曰比德曰朗潤趺四角抱處各刻神羊首一覆手深幾寸内鐫銘二十九字下

署遂良銘三字俱篆書是硯較

内府唐石渠硯體式正同雖雕鏤青緑微遜而渾樸

彌佳且經登善寶用足為墨林增重匣蓋鐫

御題詩與硯同隷書鈐寶二曰乾隆宸翰曰惟精惟一

御製題唐褚遂良端溪石渠硯
下巖端石尚貽唐況是曾賓褚遂良摹古可臨蘭亭帖
憂讒或草愛州章淋躬克踐潤為德持己無慙式以方
獨笑咸亨竟昏懦那思執手付文皇
褚遂良銘　潤比德式以方繞玉池注天潢永年
寶之斯為良

十四

唐觀象硯正面圖

繪圖十分之七

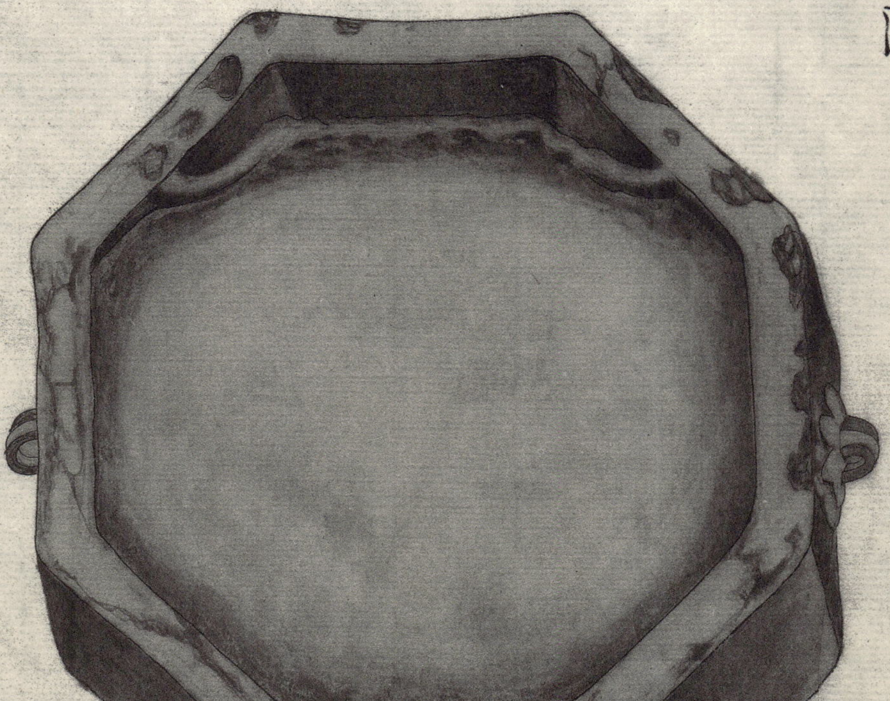

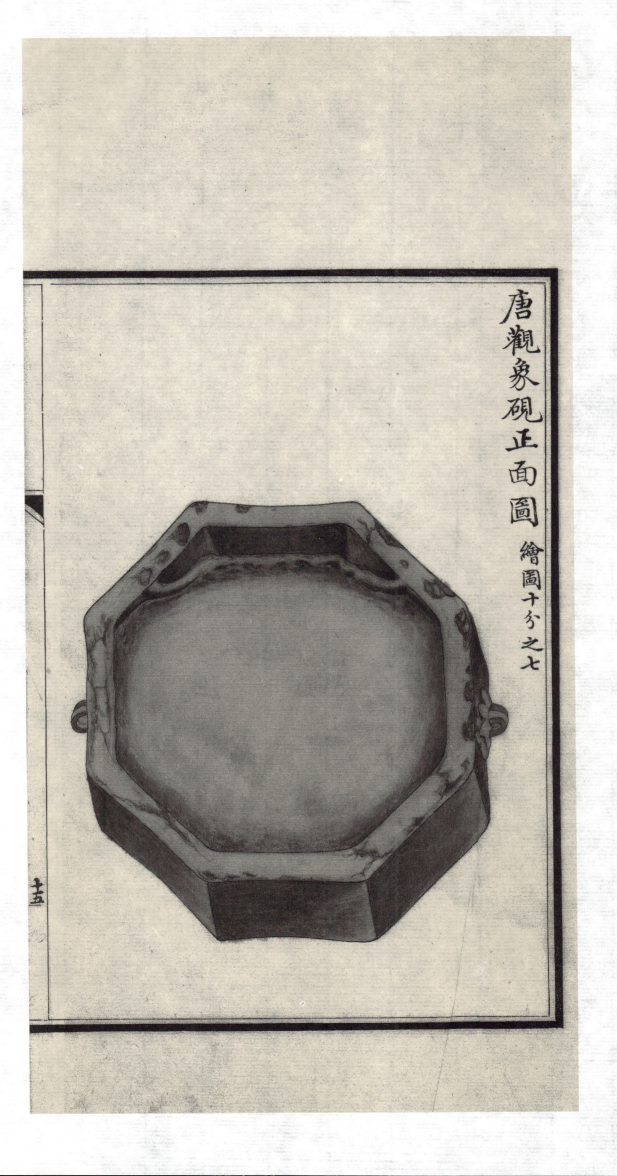

唐觀象硯背面圖

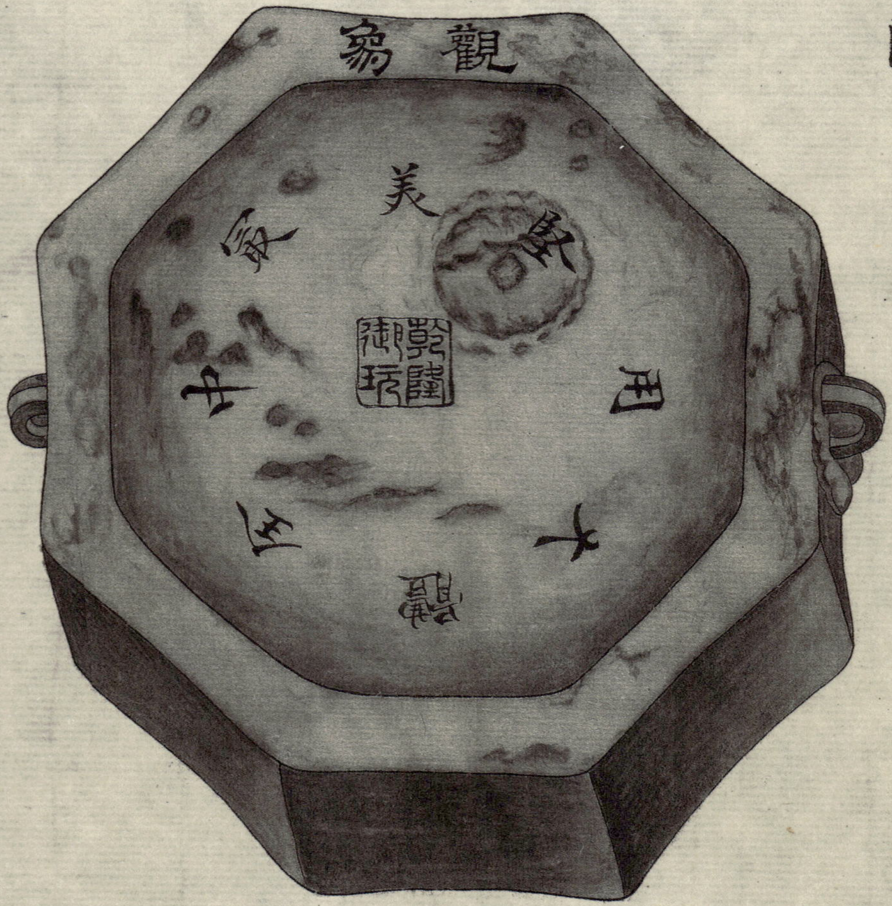

唐觀象硯硯首側面圖

唐觀象硯說

硯八稜稜徑五寸二分高不及五寸寬五寸有奇厚九分兩旁綴獸面銅耳二右微刓端州石色白而潤中帶火捺紋墨池深二分許兩耳綴處為銅氣所暈微帶青綠硯首側鐫唐硯二字硯背上方鐫觀象二字俱隸書中環鐫

御題迴文銘一首楷書中心鈐寶一曰乾隆御玩右偏有古錢融暈痕錢去而四周青綠尚存考端溪龍

岩石作硯自唐人始見於李嶠及李長吉所詠逮
宋而取材益廣是硯墨鏞古厚體質比今端石較
輕的係入土年久沙水氣盡而石理獨存亦猶舊
銅磁器年久出土者以體輕為古也匣蓋鐫
御題銘與硯同中鈐寶一曰乾隆内鐫唐硯二字隸書
匣底内鐫觀象二字隸書鈐寶一曰乾隆御玩外
鐫甲字楷書盖標識以十干為次餘倣此
謹案

十七

內府什襲古硯甚夥乾隆十四年冬
皇上幾餘品藻擇其材良製古者十硯重加拂拭肇
錫嘉名曰唐觀象硯曰唐菱鏡硯曰唐石渠硯曰宋垂
乳硯曰宋黝玉硯曰宋紫雲硯曰宋翠濤硯曰宋
暈月硯曰宋方井硯曰元凝松硯各鐫
御銘并為之序合弆
乾清宮匣底標識以十干為次千年舊物聯辟
翰筵洩吐虹光以供

文思天子墨花噴薄涵育萬有之用遭逢榮幸足為硯
林增價、十硯或陶或石質體不同臣等於每圖之
目書貯
乾清宮而仍歸類編次以從譜例謹恭錄
御序於此硯
御題〔製〕銘之首其餘九硯
御題仍各系本硯謹識緣起於此

御製古硯銘有序

内府藏硯甚夥向未經品題今年冬幾餘偶暇選其材良而製古者得唐硯三宋硯六元硯一皆真舊物也邇任有言人惟求舊器非求舊惟新獨於硯不然令端溪歙石非乏良材而沐浴詩書黝然光澤則古硯實有足珍者爰課實而錫以名并各爲之銘刻之

乾隆己巳長至記

美哉中全體大用堅

梁邱遲體

銘 用 大

美 體

象 中 至

右唐觀象硯

因文見道爾雅同條

唐菱鏡硯正面圖

繪圖十分之六

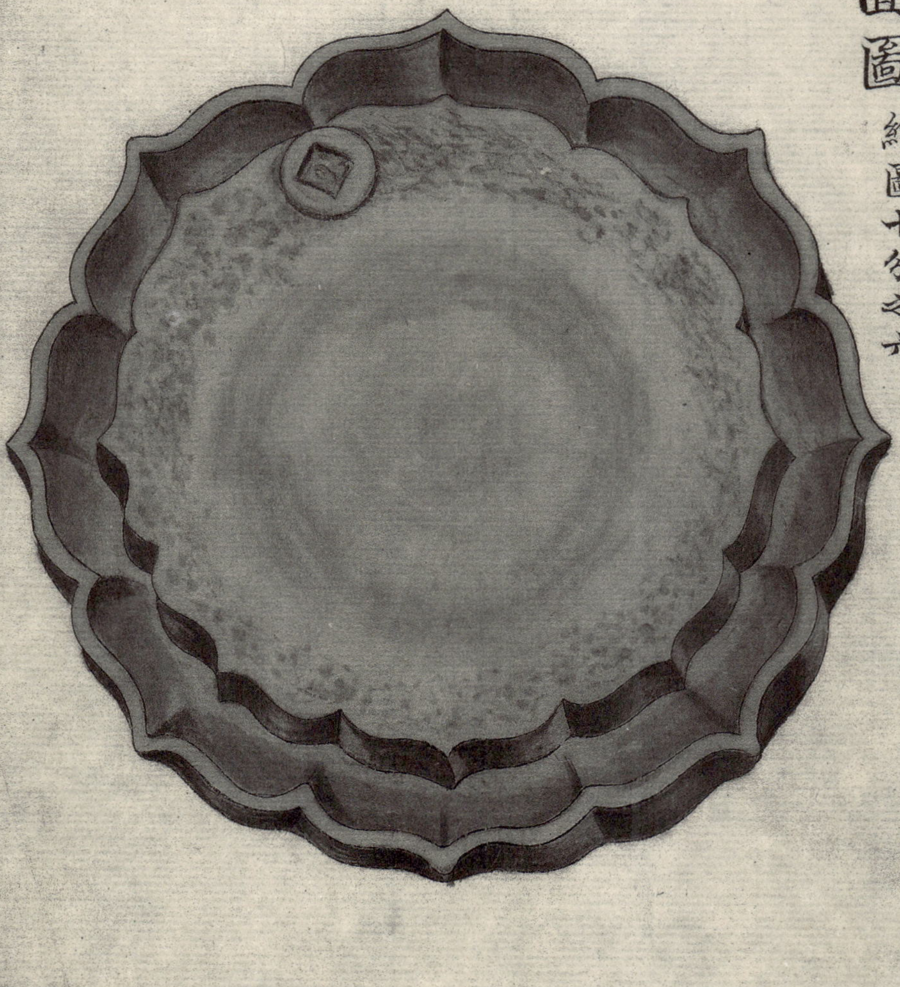

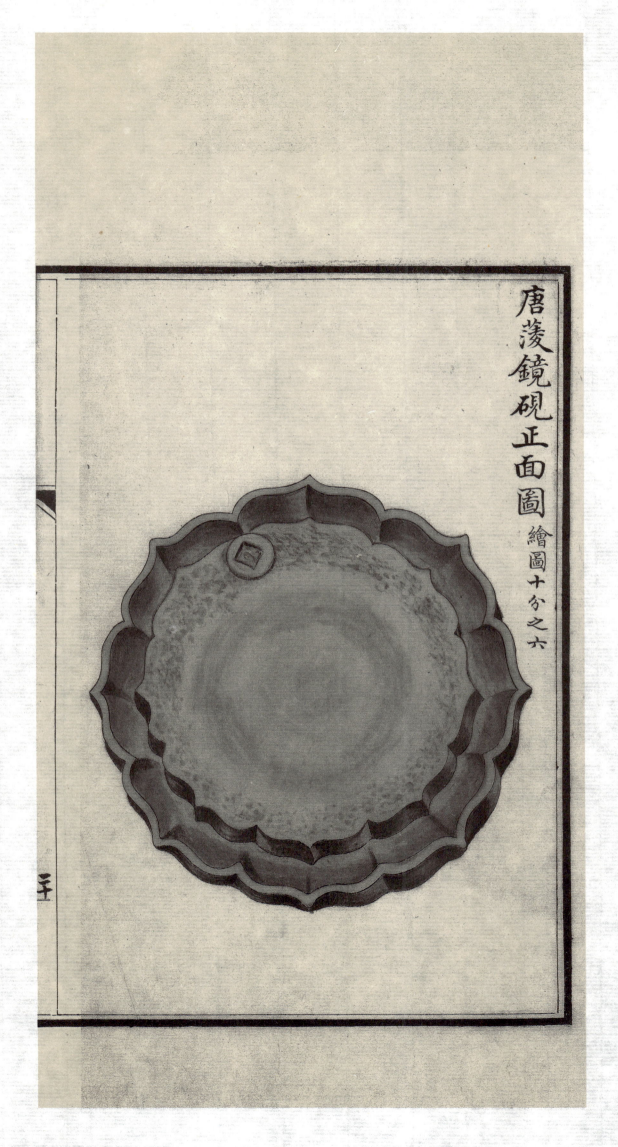

唐蓤鏡硯背面圖

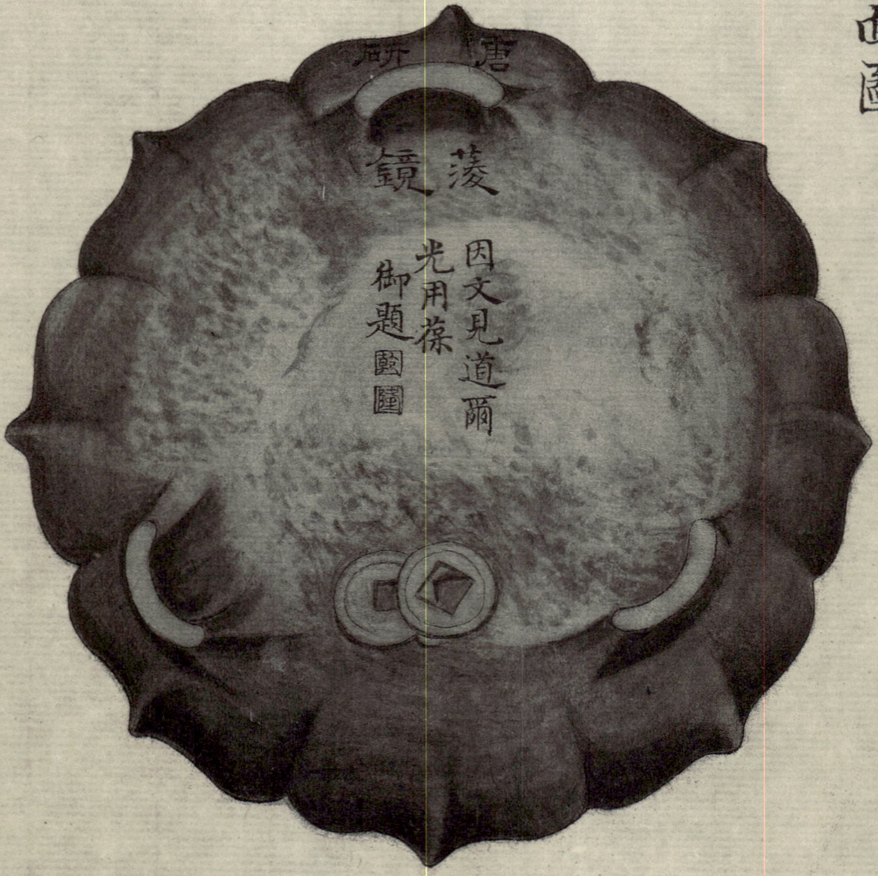

唐蔆鏡硯說

硯八稜稜徑六寸八分厚六分唐歙溪石仿蔆鏡式刻作蔆花再重為受墨處外環墨池左上方粘五銖錢一枚周結土鏽丹黃斑駁硯背仰承如盂下抱三足足高四分微屈如璜上方足外鐫唐硯二字足內鐫蔆鏡二字俱隸書中鐫

御題銘一首楷書鈐寶二曰乾隆下方兩足間粘五銖錢二枚考歙溪龍尾石唐開元中始採為硯至南

唐元宗時歙守以充歲貢是硯受墨處黑質金星黯然油然通體結成硃、砂斑微間青綠如古尊彝盛唐舊製非宋元以後龍尾羅、紋所能彷彿也匣蓋鐫

御題銘與硯同鈐寶一曰乾隆宸翰上方鈐寶一曰乾隆內鐫、唐硯二字隸書匣底內鐫蔆鏡二字隸書鈐寶一曰乾隆、御玩外鐫標識曰乙楷書

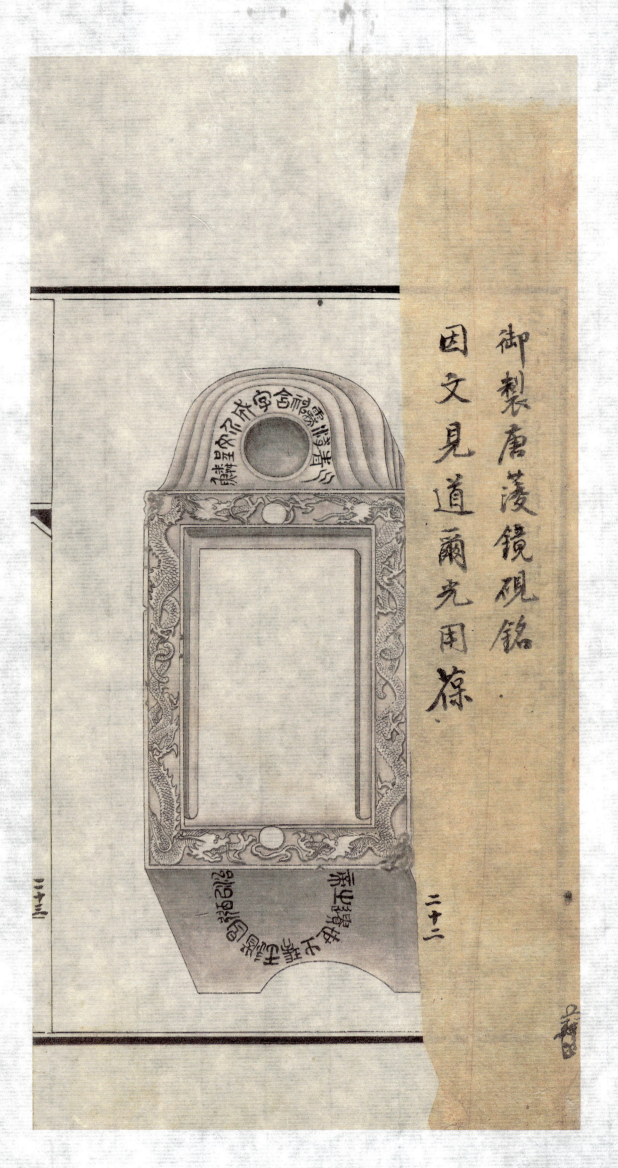

御製唐菱鏡硯銘

因文見道爾光用祿

唐元宗時歙守以充歳貢是硯受墨處黒質金星
黯然油然通體結成硃砂斑徽閒青緑如古尊彝
盛唐舊製非宋元以後龍尾羅紋所能彷彿也匣
蓋鐫
御題銘與硯同鈐寶一曰乾隆宸翰上方鈐寶一曰乾
隆内鐫唐硯二字隸書匣底内鐫蔆鏡二字隸書
鈐寶一曰乾隆御玩外鐫標識曰乙楷書

宋宣和梁苑雕龍硯正面圖

宋宣和梁苑雕龍硯背面圖

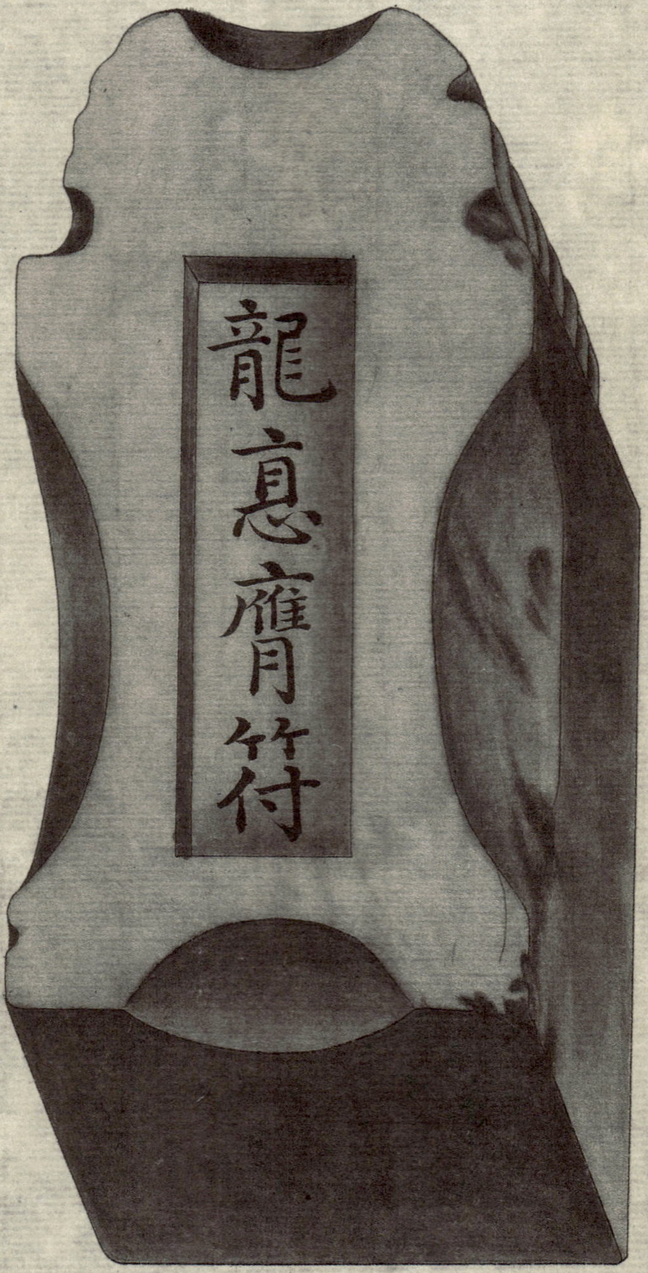

宋宣和梁苑雕龍硯側面圖 左右下方

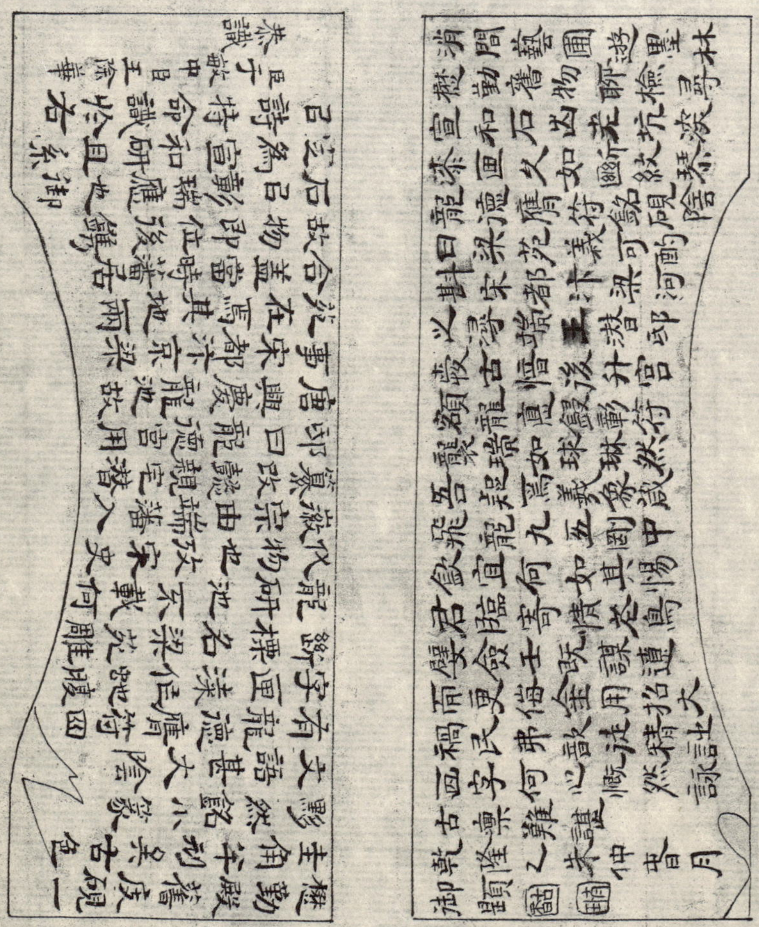

三十四

宋宣和梁苑雕龍硯說

硯高六寸寬三寸厚一寸六分宋舊坑端石也受墨處正平外上左右三方環為墨池邉刻四龍升降各二抱珠珠即上下兩眼為之硯首穹起為波紋十層鑿圓竅一豎為碑形環竅圓處鐫銘十二字下方側面準硯首圓處式鐫銘十二字與上合為一首俱篆書覆手四面斜削為跗中鐫龍德膺符四字楷書硯貯以古漆匣匣蓋鐫梁苑雕龍研

池六字篆書俱無名款硯右側鐫
御題詩一首隸書鈐寶二曰古香曰太璞左側鐫臣于
敏中臣王際華識語一百二十一字并款俱隸書
考宋都汴京即古梁苑也史稱徽宗初封端王踐
阼後以潛邸爲龍德宫硯署龍德膺符四字疑端
邸故物即位後鐫此以彰符應是硯石質純紫而
有翡翠篆文古穆所鐫龍德膺符四字尤有虞監
廟堂碑筆意逮亞斷處隱隱作蛇腹紋非閱數百

年物、不能如此今經
御鑒定為宣和舊製被以
天章
標剛中以惕君臨
戒僉壬以申殷鑒即物
垂訓真足為萬世帝王大法外匣蓋並鐫
御題詩與硯同隸書鈐寶二曰得佳趣曰幾暇怡情下
方側面、鐫臣于敏中臣王際華左側鐫臣梁國治

臣王杰臣彭元瑞上方鐫臣董誥臣曹文埴右側
鐫臣沈初臣金士松臣陳孝泳詩各一首俱楷書

御製題宋宣和梁苑雕龍硯

消閒藝圃遊墨林懋勤舊物聊檢尋宣和石出老坑深漆匣久如斷紋琴龍德膺符銘硯陰曰梁苑義可酌斟宋都汴梁河之潯端王潛邸愛古情後升宮額龍德鋟彰符龥瑞如球琳然吾疑焉義象箴飛龍九五剛中欽宜何如其惕君臨寄情花鳥嬖僉壬既謀遺而更侮金用招大禍民弗歆徒精詩畫字何心慨然詠古凛難諶

臣于敏中臣王際華識語

懋勤殿舊庋硯一圭

二十七

詩字下落一特字　汪注

角半刓矣古色黟然銘小篆文語甚大陰有龍德
膺符四字匣漆作蛇腹斷標名梁苑雕龍研池不
載何代物也攷宋史徽宗由端藩入纂改懿親宅
潛邸曰龍德宫用唐興慶龍池故事宋都汴京梁
苑在焉其地兩合蓋當時藩居故物即位後鐫石
以彰瑞應也

御定為宣和研且系以詩特命識於右

臣于敏中詩　梁苑雕紋古端藩殿額沈銷磨一

片石

揮灑萬年箴因即羲文象而為
雅頌音鄙他空潑墨花鳥繪春深

臣王際華詩　宣和朱邸舊瑞侈握符臨畫諾求
花石揮毫創瘦金匣紋蛇腹斷歲籥麝煤沈寓物
矜
堯戒千秋鑑古心

臣梁國治詩　一片宣和石可尋披函吟對古香

深文鐫龍德垂金鑑義正乾剛粹

王音花鳥汴宮餘藻藝圖書辟府寄銘箴朝来雲起之

而繞五色光中仰

日臨

臣王杰詩　古色黝然歲月深製從梁苑未銷沈

漆皺蛇腹紋週面池躍龍鱗字勒陰艮嶽雲烟痕

共蝕乾爻朝夕義堪尋

幾餘藝圃邀

宸賞觸處如傳惕若心

臣彭元瑞詩　介字鱗文古暈侵秋風艮嶽尚難尋躍龍朱邸空符應下馬青城已陸沈不識六爻乾在上徒夸四字硯之陰

帝鴻墨海摛吟寓

評鑑同昭出治心

臣董誥詩　七百年遺製龍池字可尋躍鱗形宛轉積瀋暈陰森訂譜分書甲夸符出孔壬流傳邀

鑒處

考古重垂箴

臣曹文埴詩　歲月宣和舊烟雲古汴沈空遺龍
有角誰惜礪如金片石文房在
仙毫法鑒深勸懲偕玉帶一正主臣心

臣沈初詩　宣和遺製墨華沈一硯空沿歲月深
藝府古光生几案
宸題大義切銘箴汴京失鹿鑒於後梁苑雕龍考自今

從此弆藏成寶器千秋垂戒指堪尋

臣金士松詩

宸題寓物即垂箴樹藝宏深見道心石不能言堪古鑒

龍之為象在君臨潛藩梁苑文章客御宇宣和翰

墨林一自

聖人鐫戒語摩挲片研重兼金

臣陳孝泳詩　宣和觚翰比球琛寶研(硯)留傳閱曩

今魯注金壺供點染幸歸

辟府得披尋靈文綴藻青花活噓氣成雲紫暈深
睿賞偶吟必提要與觀義炳合銘箴

宋宣和海珠硯正面圖 繪圖十分之六

二十一

宋宣和海珠硯背面圖

宋宣和海珠硯說

硯高七寸許橢圓式寬五寸一分厚二寸許老坑端石紫而潤周刻海水左上方活眼一就刻作珠四龍旋繞之而隱現勢極生動覆手深寸許中鐫宣和之寶四字隸書左鐫

御題詩一首楷書鈐寶二曰會心不遠曰德充符匣蓋並鐫是詩隸書鈐寶二曰乾隆

御製題宋宣和海珠硯

活眼因之斲作珠宣和寶用瘦金摹緯蕭一守猶欲煆

刻四龍餘深意乎

三十三

宋宣和洗象硯正面圖

繪圖十分之六

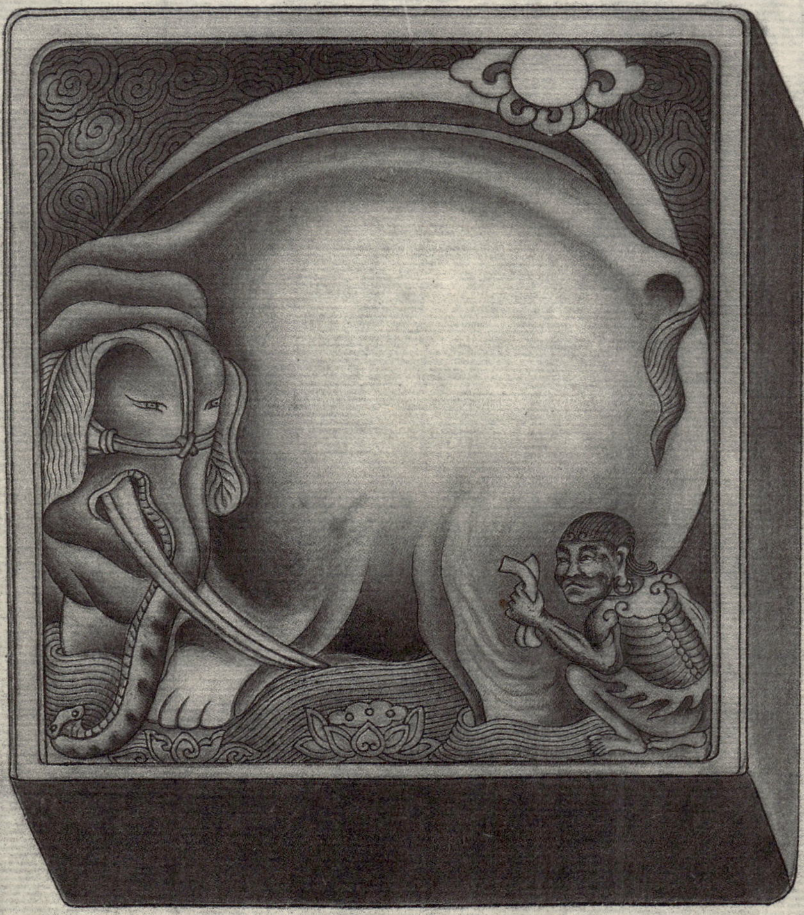

三十四

宋宣和洗象硯背面圖

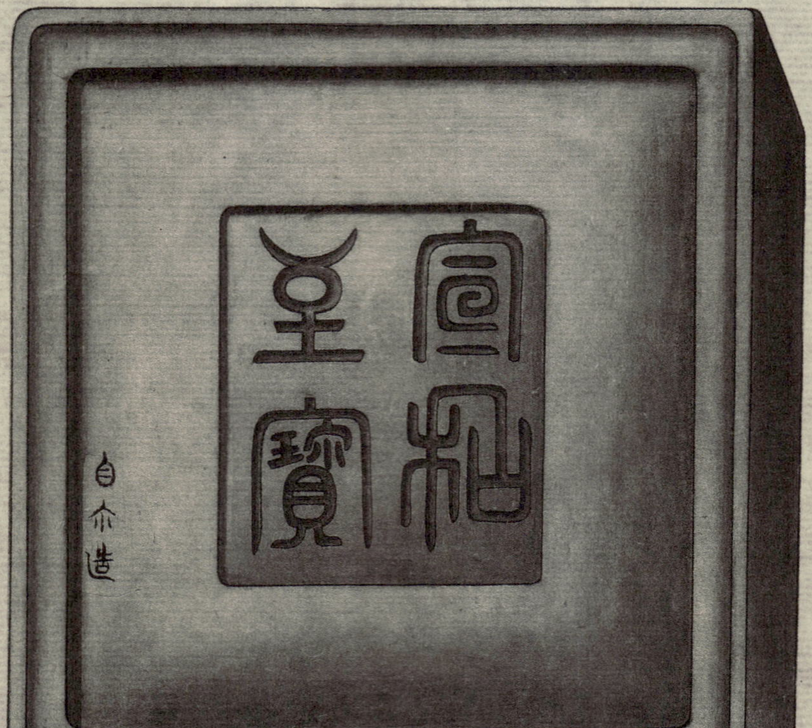

宋宣和洗象硯下方側面圖

宣和博古通儒釋選材製硯鑿端石命工刻作洗象圖不述聖經述聖蹟應知洗象萬色空而何通金啓金隙汴梁富麗一朝盡可惜龍賓埋瓦礫是誰淂之誰用之依舊無言演梵莢

乾隆戊戌

御題

宋宣和洗象硯説

硯高五寸九分許寬五寸六分厚一寸二分宋坑端石色如猪肝硯面正方中刻象形象首左顧以象身為受墨處右上方有眼一如日下刻慶雲護之左右皆刻流雲下方水紋瀲灧右有象奴蹲水中作力洗象水中泛蓮花二覆手作兩層中鐫宣和至寶四字左有自爾造三字欵俱篆書下方側面鐫

御題詩一首楷書鈐寶二曰比德曰朗潤匣蓋並鐫是
詩隸書鈐寶二曰乾隆是硯石質既舊而製作樸
雅其爲宋時物無疑自爾無考

御製題宋宣和洗象硯
宣和博古通儒釋選材製硯鑿端石命工刻作洗象圖
不述聖經述聖蹟應知洗象萬色空兩何通金啓金隙
汴梁富麗一朝盡可憐龍賓埋瓦礫是誰得之誰用之
依舊無言演梵筴

三十七

宋宣和風字煖硯正面圖

繪圖十分之六

三十八

宋宣和風字煖硯背面圖

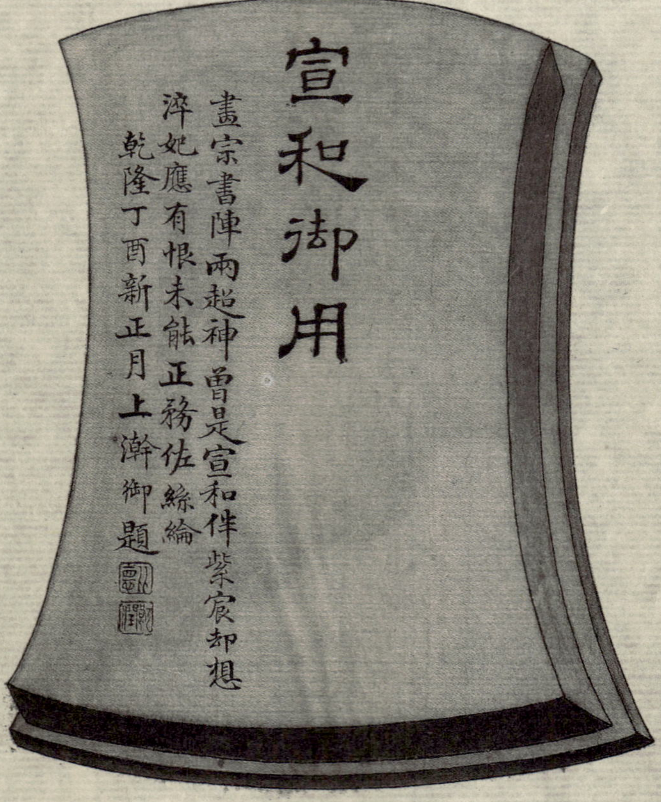

宋宣和風字㛹硯銅池正面圖

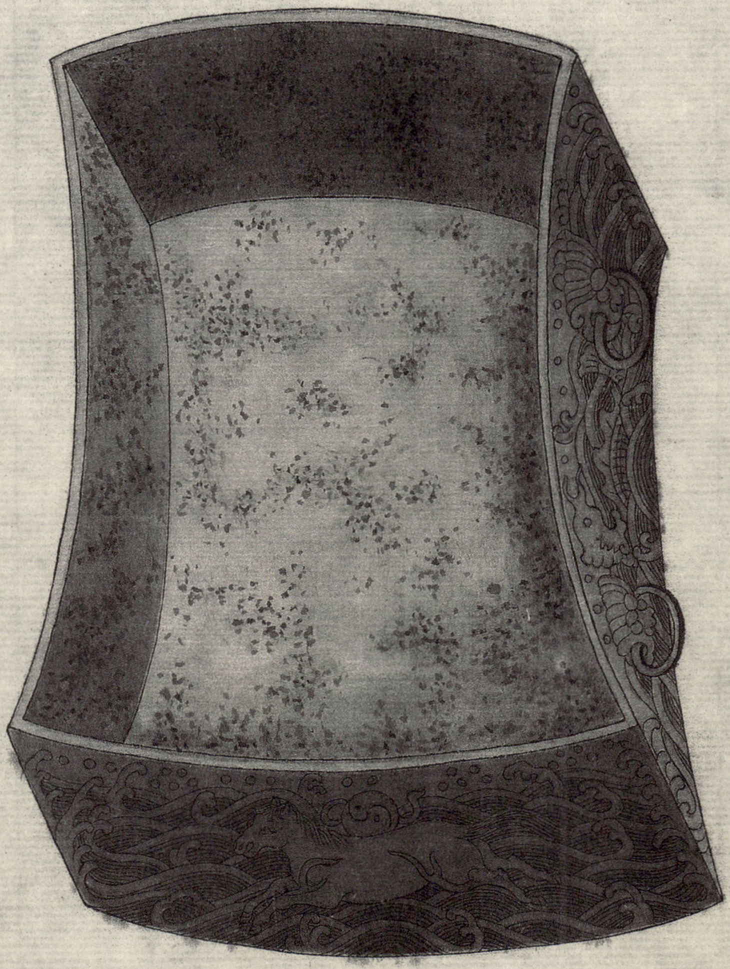

三九

宋宣和風字蝬硯銅池背面圖

宋宣和風字綬硯說

硯高六寸上寬四寸下寬四寸七分厚六分宋老坑端石琢為風字式硯面正平微凹墨池刻魚龍騰躍有雲垂海立之勢邊周刻雙線上方線內刻日月三辰硯背中鐫宣和御用四字隸書左方鐫

御題詩一首楷書鈐寶二曰比德曰朗潤硯背較硯體縮一分有奇入池深四分許池以銅為之高寬尺寸並與硯同厚一分許深一寸三分許中貯溫水

以煖硯四側周刻海波中涵海螺應龍大龜龍馬各一左右凸起獸面四貫以銅環取便捧持下承四跗離几不及寸背鐫宣和御用四字亦隸書徧體青綠砂斑穆然如古罍洗是硯石質既舊銅池彌復古秀春生几席銅井不氷亦臨池一快事也

匣蓋鐫

御題詩與硯同隸書鈐寶二曰乾隆

御製題宋宣和風字㛹硯

畫宗書陣兩超神曾是宣和伴紫宸却想淬妃應有恨

未能正務佐絲綸

四十一

第八册

欽定西清硯譜目錄

此行低一格 ○第八冊○

此行移上一行空一格接寫 石之屬

以下低二格

○○宋宣和八卦十二辰硯

宋宣和八柱硯 熱河

宋端石睿思東閣硯 乾清宮

宋蘇軾石渠硯 翠雲館

宋蘇軾結繩硯 敬勝齋

欽定西清硯譜

宋蘇軾東井硯 咸福宮

宋蘇軾端石硯 玉玲瓏館

宋蘇軾從星硯 景福宮

宋蘇軾龍珠硯

宋晁補之玉堂硯 絳雪軒

宋宣和八卦十二辰硯正面圖

繪圖十分之六

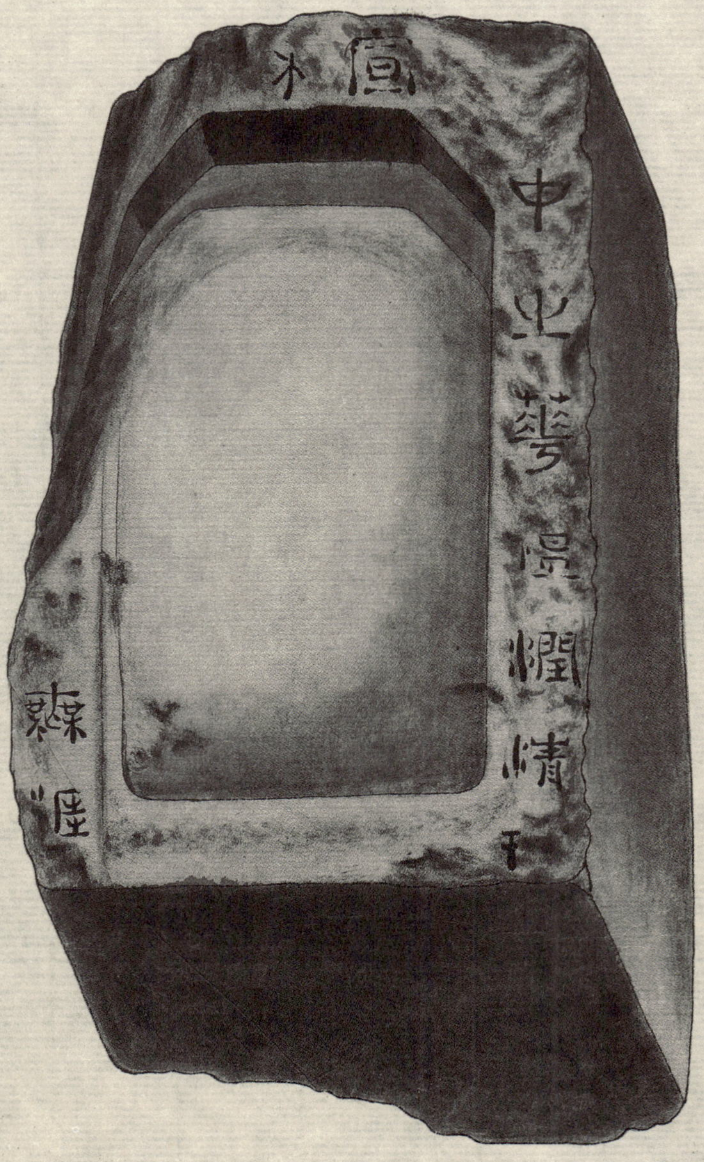

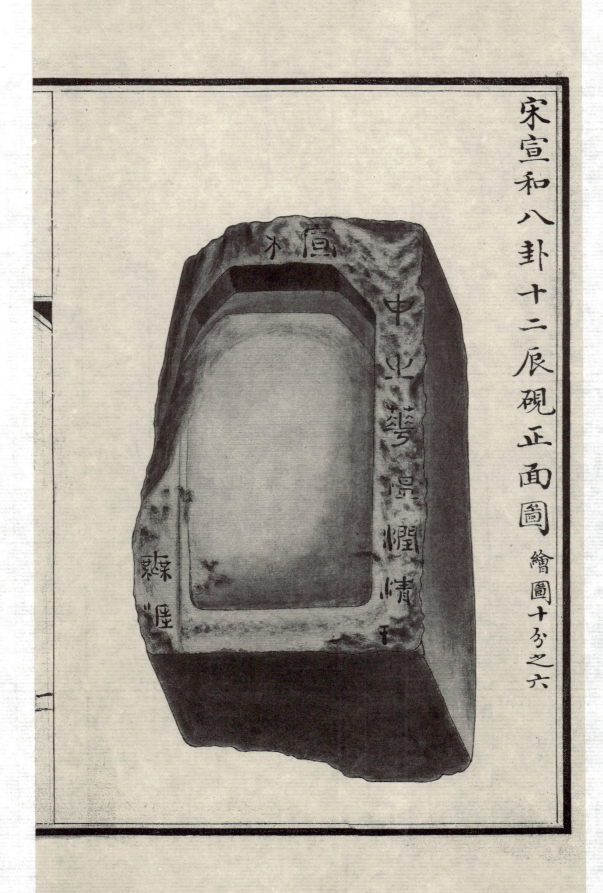

宋宣和八卦十二辰硯背面圖

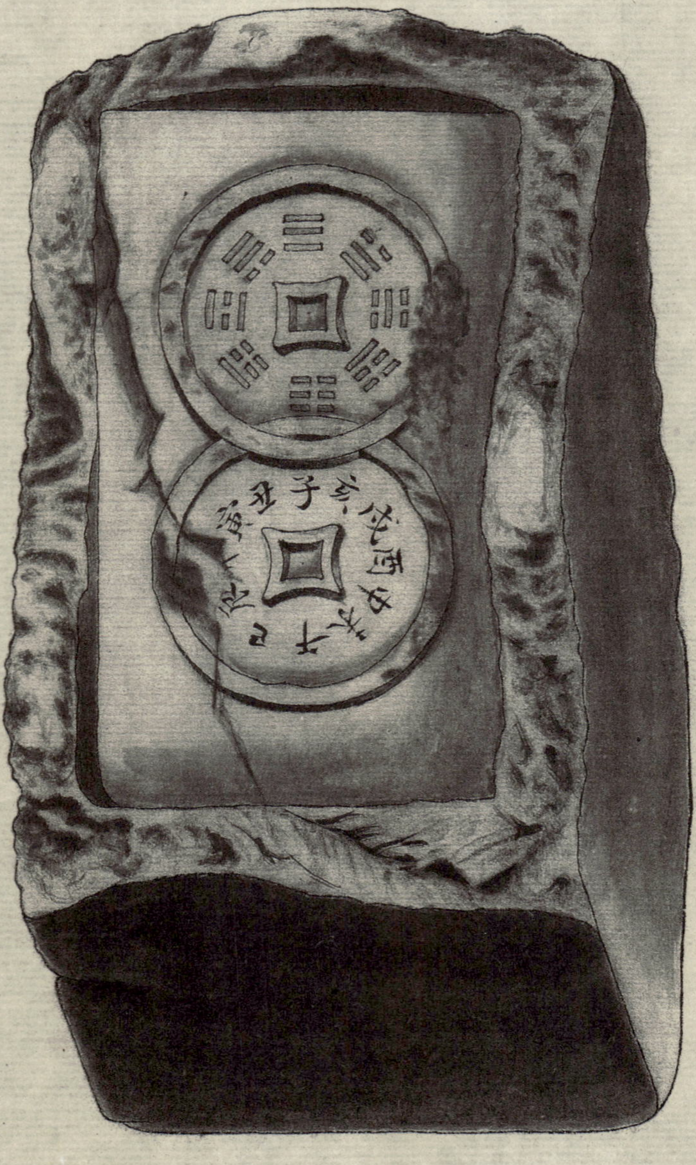

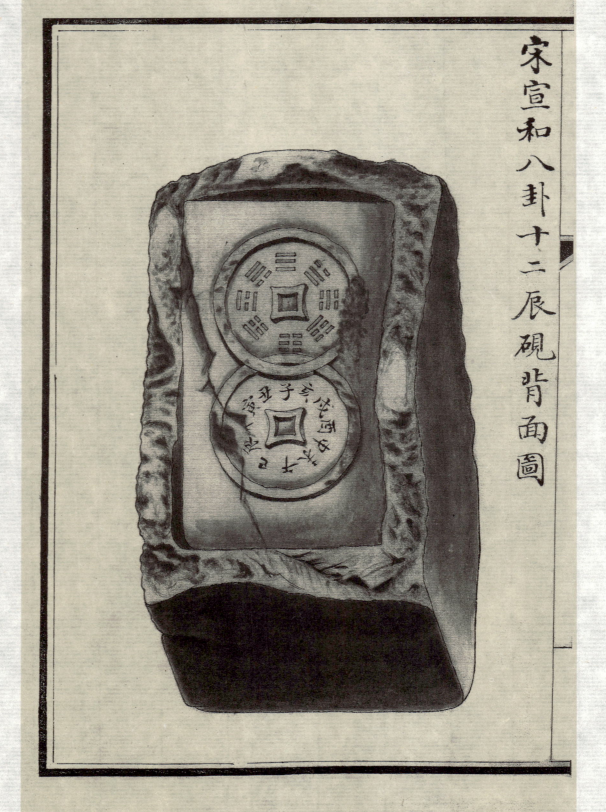

宋宣和八卦十二辰硯側面圖

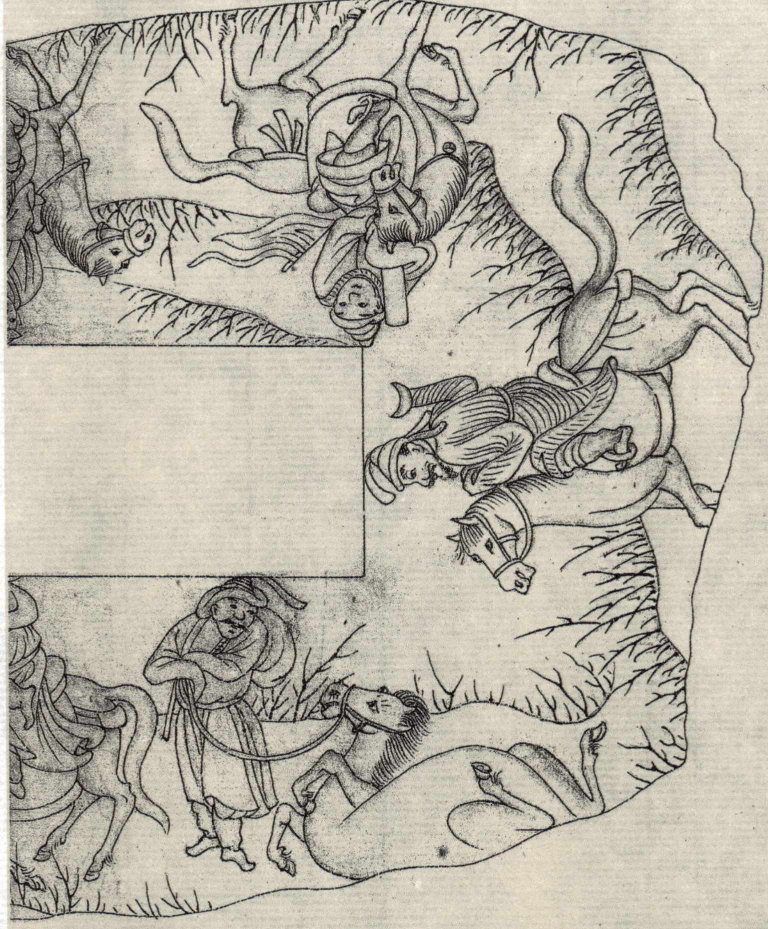

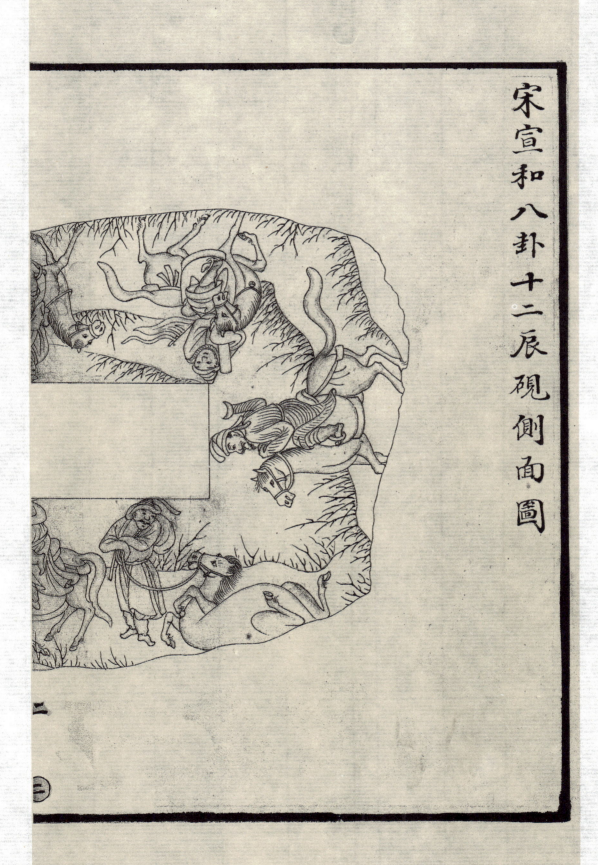

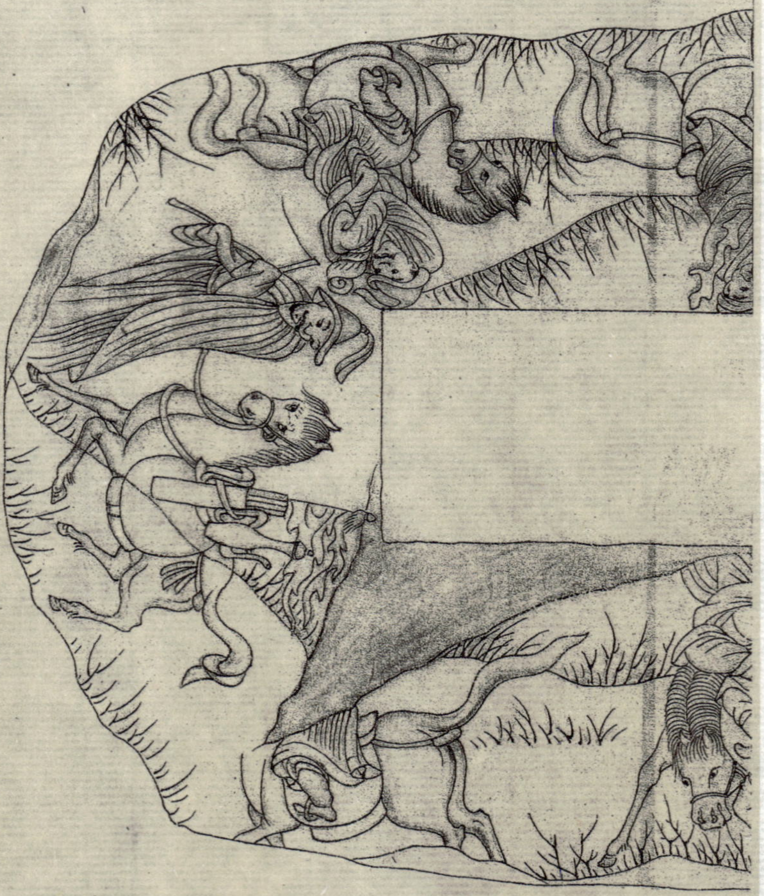

宋宣和八卦十二辰硯背面銘款圖

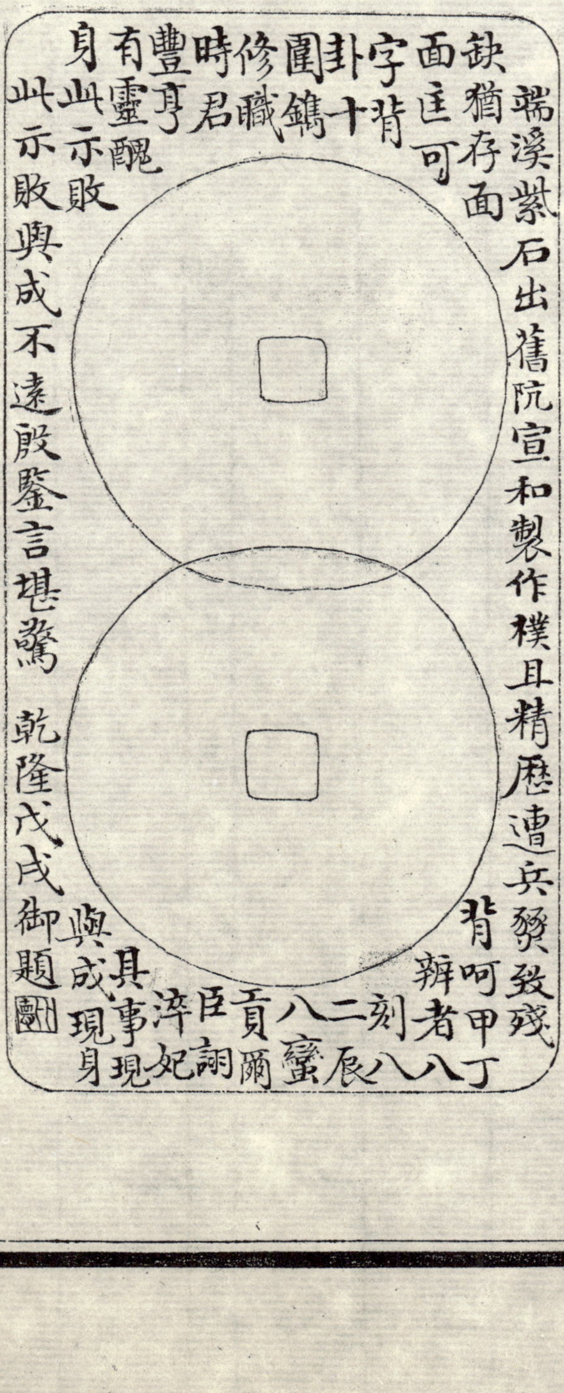

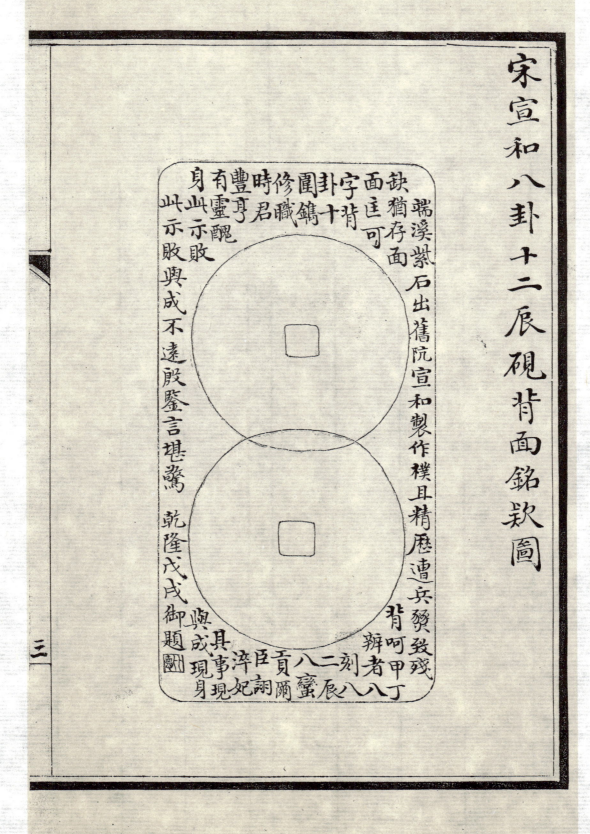

宋宣和八卦十二辰硯說

硯高六寸七分寬四寸三分厚一寸九分宋老坑端石色如猪肝硯面左角缺受墨處深凹墨池作圭首式硯首鐫宣和二字和字缺落不全左右銘十六字漫漶過半存者右中之華温潤清六字下一字似是和字而不全左無涯二字涯字水旁亦缺俱篆書側面周刻八蠻底貢圖人物意態俱生動亦多駁落覆手四角俱缺中為連錢二上環刻

八卦下環刻子丑寅卯辰巳午未申酉戌亥十二字楷書外周鐫

御製題硯詩一首楷書鈐寶一曰比德匣蓋並鐫是詩隸書鈐寶二曰比德曰朗潤

御製題宋宣和八卦十二辰硯

端溪紫石出舊阬宣和製作樸且精歷遭兵燹致残缺猶存面背呵甲丁面臣可辨者八字背刻八卦十二辰圜鐫八蠻脩職貢爾時君臣詡豐亨淬妃有靈醜其事現身此示敗與成現身此示敗與成不遠殷鑒言堪驚

五

宋宣和八柱硯正面圖 繪圖十分之八

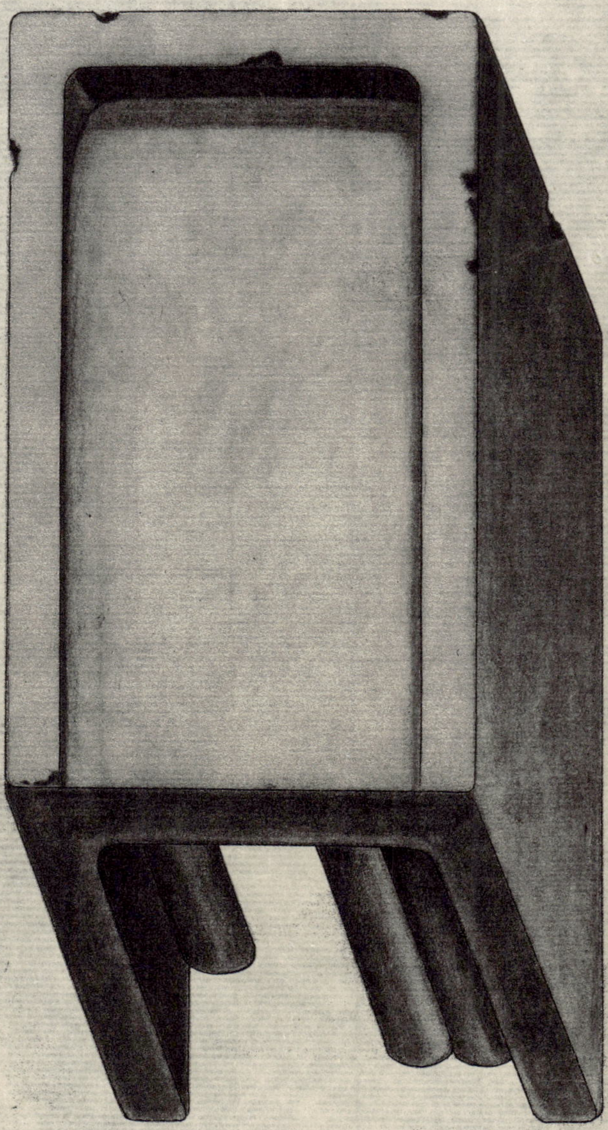

宋宣和八柱硯背面圖

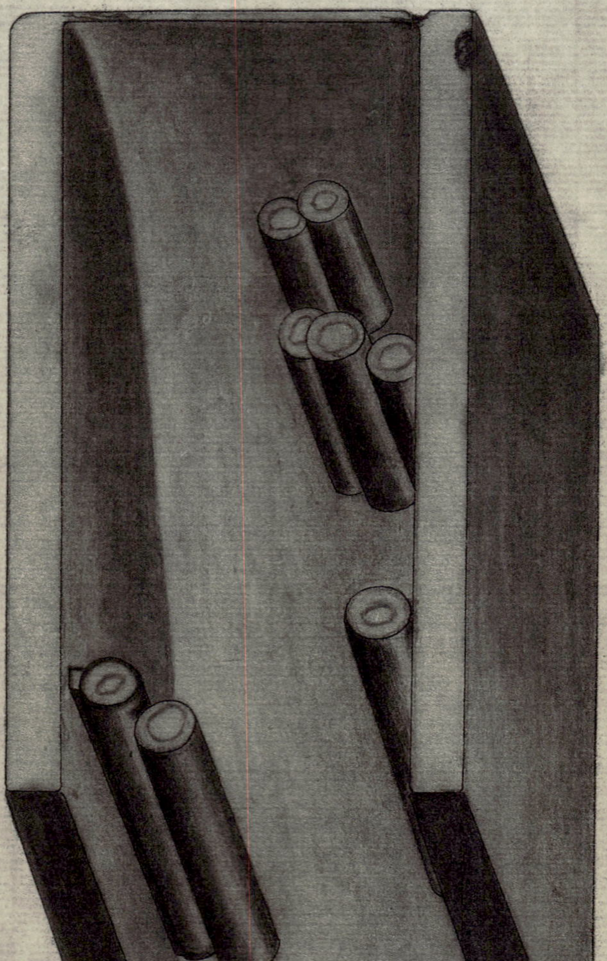

宋宣和八柱硯側面圖

宣和六年
秋八月製

八柱承天廣運宵乾六書載道因文以傳居出老坑宣和六年非銅雀之瓦異未央之甎渾於古以餘潤腴乎內以為堅其動也直其靜也專頑得資乎綸几渠寧斐乎翰筵

乾隆丁酉新春月御銘

比德

朗潤

宋宣和八柱硯說

硯高四寸五分寬二寸六分許厚如之端溪老坑石面正平硯首墨池寬僅二分許深亦如之左側鐫

御題銘一首隸書鈐寶二曰比德曰朗潤右側鐫宣和六年秋八月製八字行草書硯背刻柱八長短相間鐫刻渾樸確係宋製匣蓋鐫

御題銘及鈐寶並與硯同

御製宋宣和八柱硯銘

八柱承天廣運胷乾六書載道因文以傳石出老坑宣和六年非銅雀之瓦異未央之甎澤於古以餘潤腴乎內以爲堅其動也直其靜也專顧將資乎綸几渠寧斐乎翰筵

宋端石睿思東閣硯正面圖 繪圖十分之八

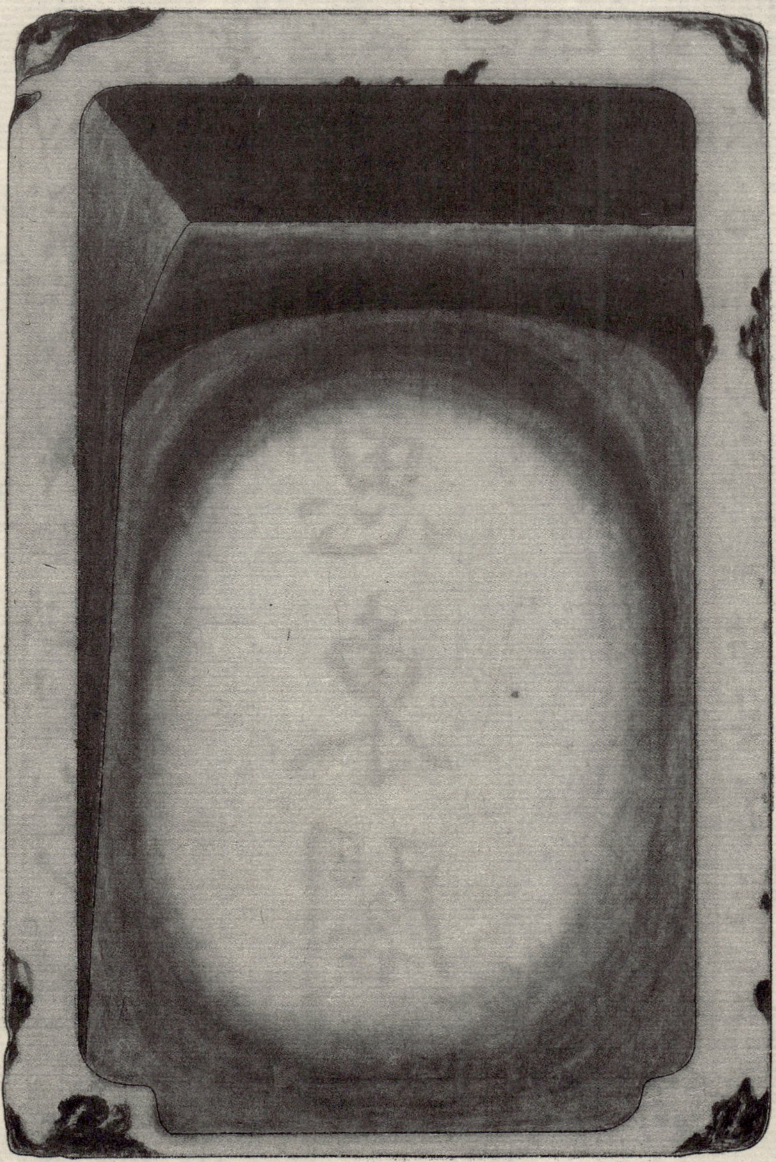

宋端石睿思東閣硯背面圖

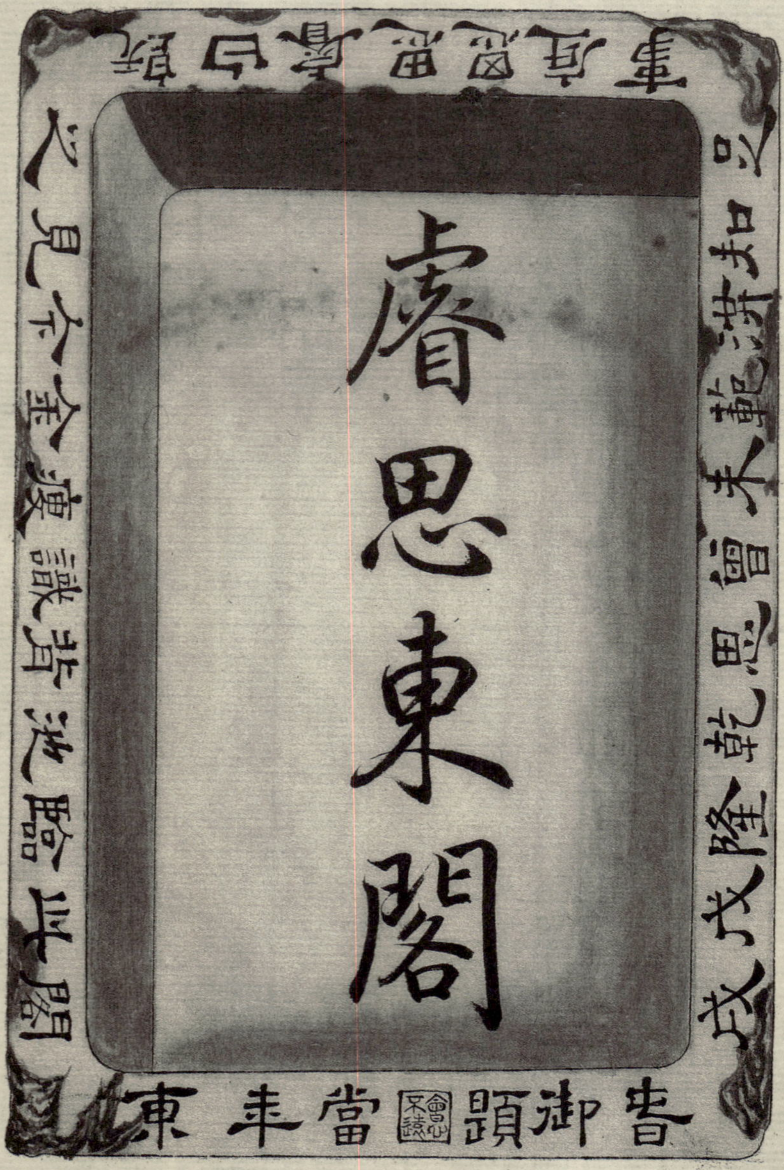

此頁上下側
面宜訂在前

宋端石睿思東閣
硯上方側面圖

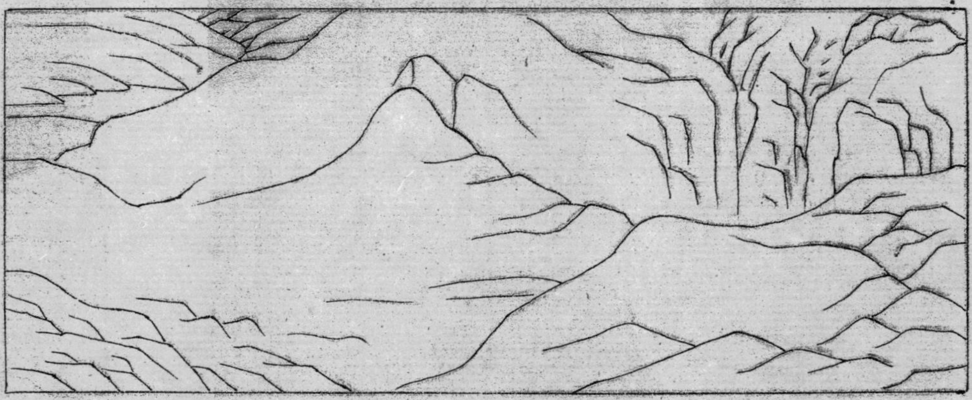

十一 十

會要稱宋徽宗書筆勢勁逸自號瘦金書馬遠工
畫山水人物光寧朝待詔畫院是硯署睿思東閣
四字極瘦勁其為北宋製作徽宗御書無疑想流
傳至南渡後遠復補為之圖耳至其石肌細膩墨
鏽古厚尤不易得亟盖鐫
御題詩與硯同隷書鈐寶二曰乾隆

御製題宋端石睿思東閣硯

當年東閣此臨池背識瘦金今見之既曰睿思思底事足知洪範未曾思

宋蘇軾石渠硯正面圖 繪圖十分之八

宋蘇軾石渠硯背面圖

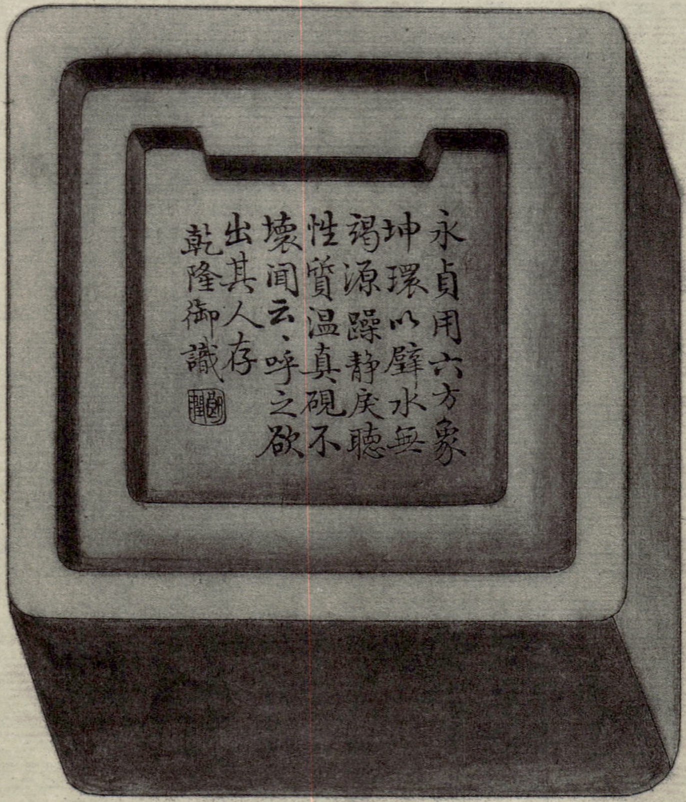
永貞用六方象
坤環以辟水無
渴源躁靜庚聽
性質溫真硯不
壞聞云、呼之欲
出其人存
乾隆御識

宋蘇軾石渠硯側面圖

彤池紫淵出日所浴蒸爲赤
霓以貫暘谷是生斯珍非
石非玉因材制用璧水環

復耕予中洲藝我元粟
投粒則穫不炊而熟
元豐壬戌之春東坡題

十五

宋蘇軾石渠硯說

硯高三寸六分寬三寸五分厚一寸七分宋端石

為之中受墨處環以墨池邉周刻流雲左右側面

鐫宋蘇軾銘四十八字後署元豐壬戌之春東坡

題九字欵俱行書覆手凹下為兩層與硯面式相

應中鐫

御題銘一首楷書鈐寶一曰朗潤匣蓋並鐫是銘行書

鈐寶一曰幾暇怡情匣底鐫寶一曰乾隆御玩

古今諸臣銘從
低二格寫

御製宋蘇軾石渠硯銘

永貞用六方象坤環以辟水無竭源蹕靜戾聽性質溫

真硯不壞聞云云呼之欲出其人存

○○宋蘇軾銘　彤池紫淵出日所浴蒸為赤霓以貫

○○暘谷是生斯珍非石非玉因材制用辟水環復耕

○○予中洲蓺我元粟投粒則穫不炊而熟

十六

宋蘇軾結繩硯正面圖

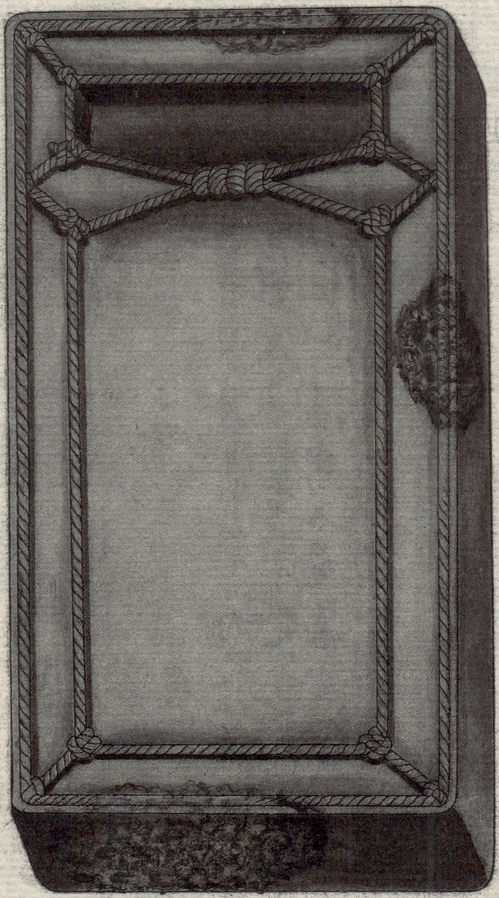

宋蘇軾結繩硯背面圖

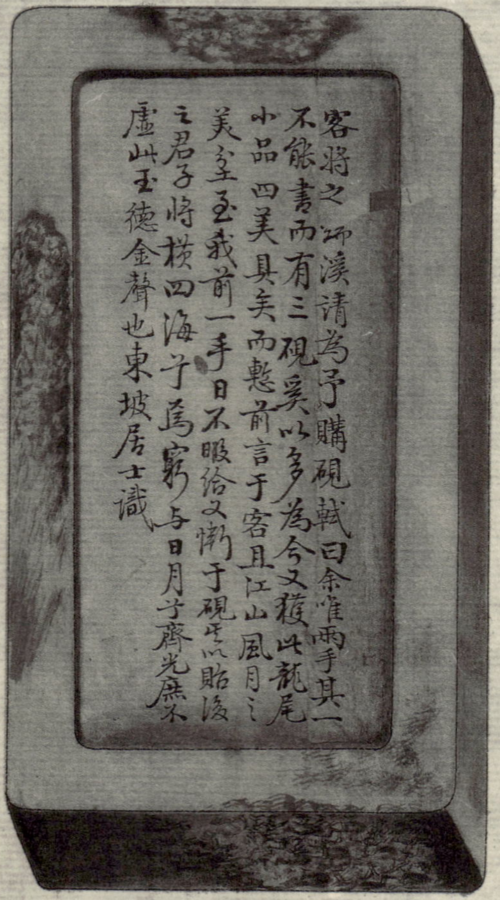
客將之端溪請爲予購硯軾曰余惟兩手其一
不能書而有三硯奚以多爲今又獲此龍尾
小品四美具矣而憖前言于客且江山風月之
美奚至盡載前一手日不暇給又慚于硯其以貽後
之君子將横四海予爲窮与日月爭齊光庶不
虛此玉德金聲也東坡居士識

宋蘇軾結繩硯側面圖

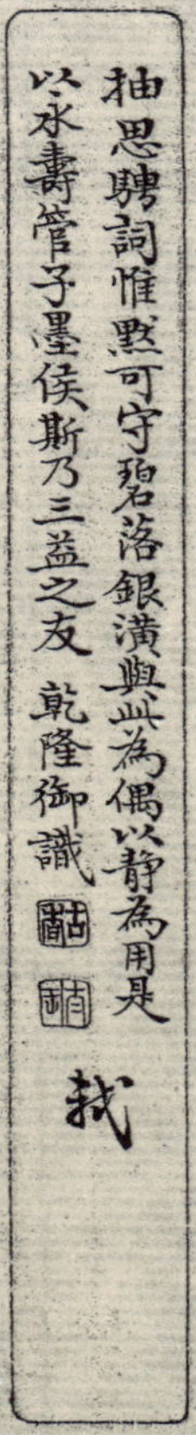
抽思騁詞惟默可守碧落銀潢與此為偶以靜為用是
以永壽管子墨侯斯乃三益之友 乾隆御識
軾

宋蘇軾結繩硯說

硯高四寸九分寬二寸一分厚五分宋老坑端石

紫色黯然墨光瑩潤硯面周刻縚紋綰結再重上

方結處為墨池入土年久與銅器融粘青綠斑駁

可愛左側鐫

御題銘一首楷書鈐寶二曰古香曰太璞下有軾一字

款覆手内鐫蘇軾識語九十七字署東坡居士識

款五字俱行書匣盖外鐫

御題銘與硯同鈐寶二曰乾隆御賞曰幾暇怡情内嵌銀項子京家珍藏長方印一匣底鐫寶一曰乾隆御玩

四海手乎字背面圍
內作乎字未知孰是
應改正
應改作乎字

御製宋蘇軾結繩硯銘

抽思騁詞惟默可守碧落銀潢與此為偶以靜為用是以永壽管子墨侯斯乃三益之友

○○宋蘇軾識語　客將之端溪請為予購硯軾曰余○○惟兩手其一不能書而有三硯奚以多為今又獲○○此龍尾小品四美具矣而憖前言于客且江山風○○月之美坌至我前一手日不暇給又慚于硯其以○○貽後之君子將橫四海手焉窮與日月兮齊光庶

二十

○○不虛此玉德金聲也

宋蘇軾東井硯正面圖

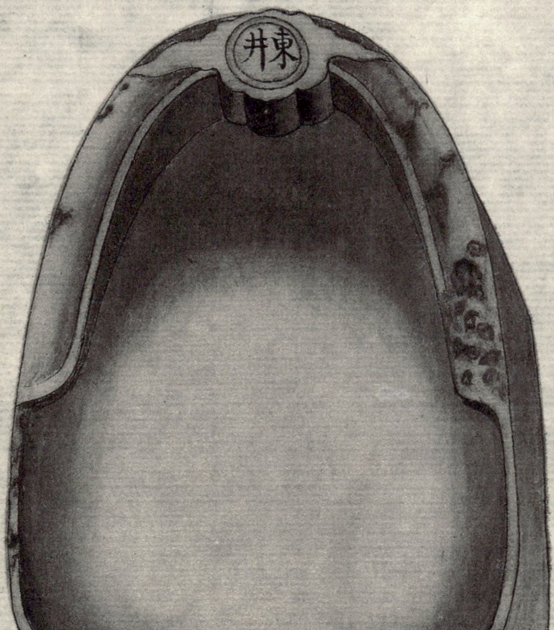

宋蘇軾東井硯背面圖

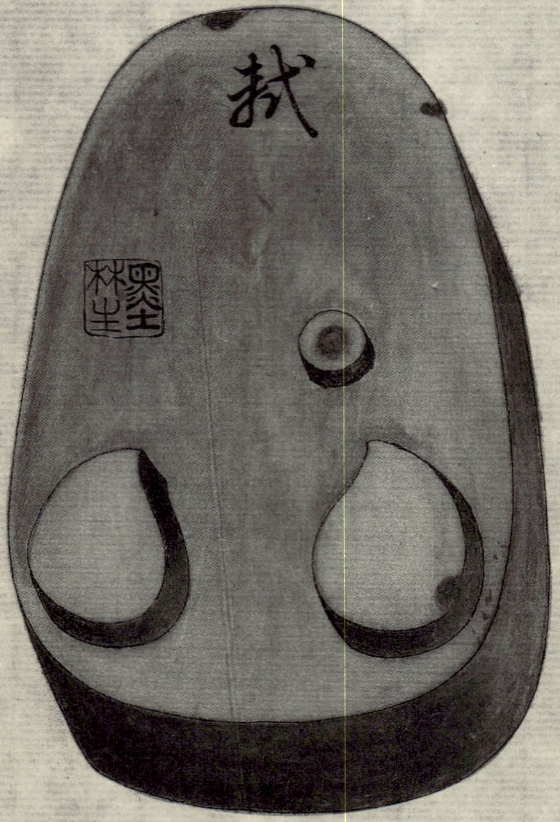

宋蘇軾東井硯下方側面圖

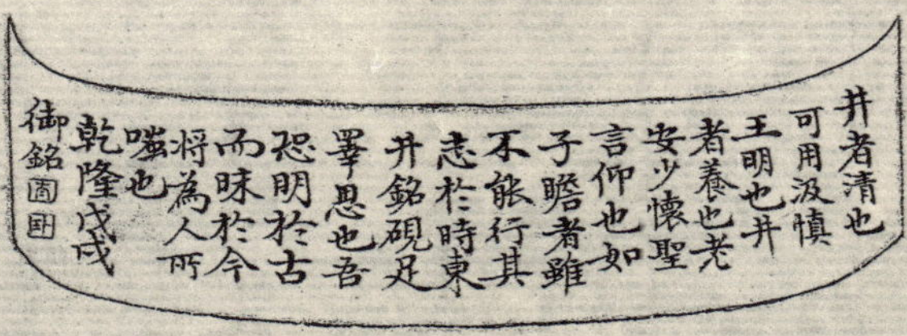
井者清也
可用汲慎
王明也井
者養也老
安少懷聖
言仰也如
子瞻者雖
不能行其
志於時東
井銘硯足
畢思也吾
恐明於古
而昧於今
將為人所
嗤也
乾隆戊戌
御銘

尚未改
應改正
以裁尺量之已三寸有餘矣改為是
東井二字似應改正

宋蘇軾東井硯說

硯高三寸五分上斂下哆上寬一寸四分下寬二寸五分厚一寸宋坑水岩石刻作鳳池式受墨處凸起斗入墨池首鐫東井二字楷書旁拱星雲周有駁蝕古意穆然硯背上方鐫軾字行書右方凸起活眼一左方有墨林生三字方印一下為鳳足二離几三分許下方側面鐫

御題銘一首楷書鈐寶二曰太璞匣蓋並鐫是銘隸書

鈐寶二曰古香曰太璞考墨林生為明項元汴號是硯蓋曾供東坡染翰後又入天籟閣中故並有印記云匣蓋鐫

御題銘與硯同隸書鈐寶二曰古香曰太璞

二十三

御製宋蘇軾東井硯銘 者也

井者清也可用汲慎王明也井者養也老安少懷聖言仰也如子瞻者雖不能行其志於時東井銘硯足羣思也吾恐明於古而昧於今將為人所嗤也

呈閱

宋蘇軾端石硯正面圖

繪圖十分之八

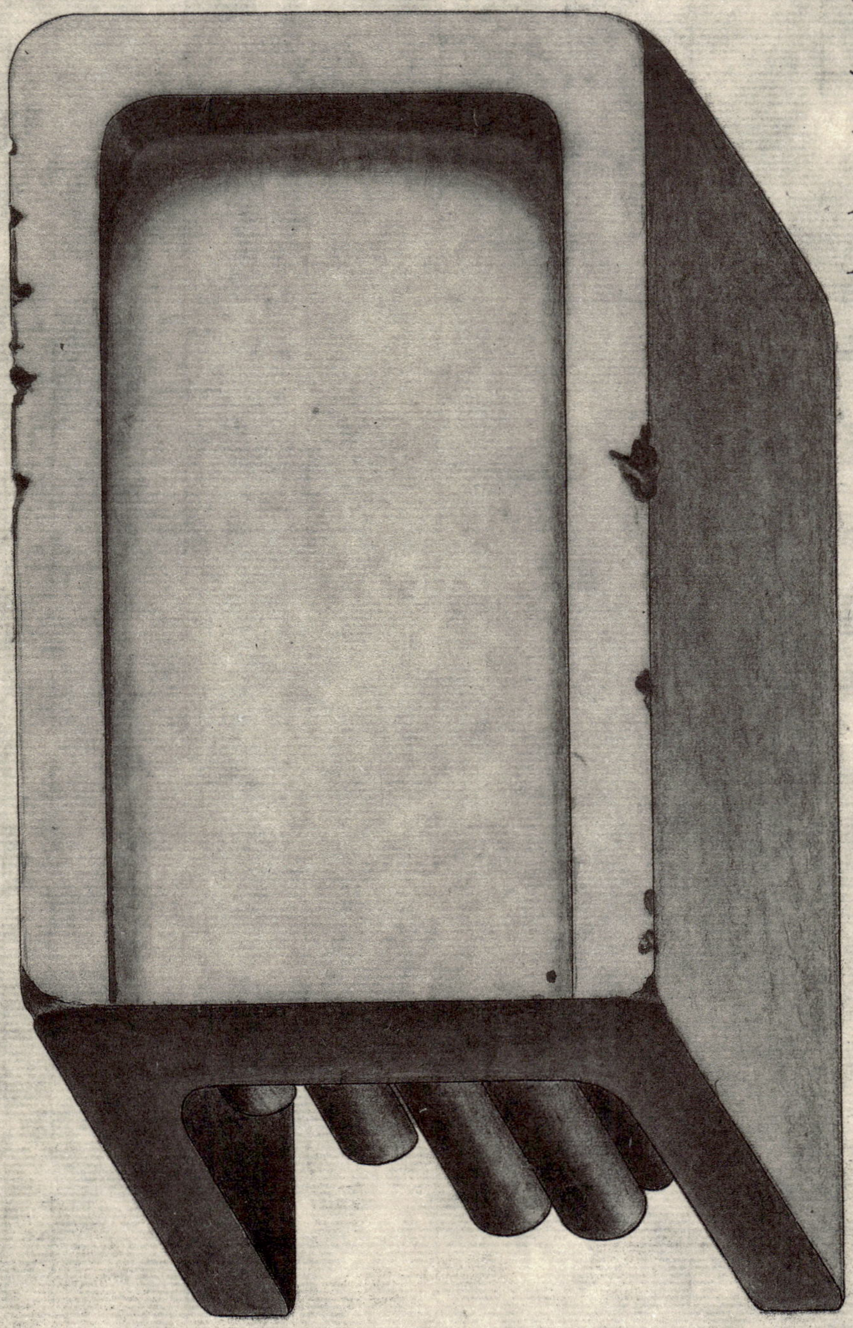

二十五

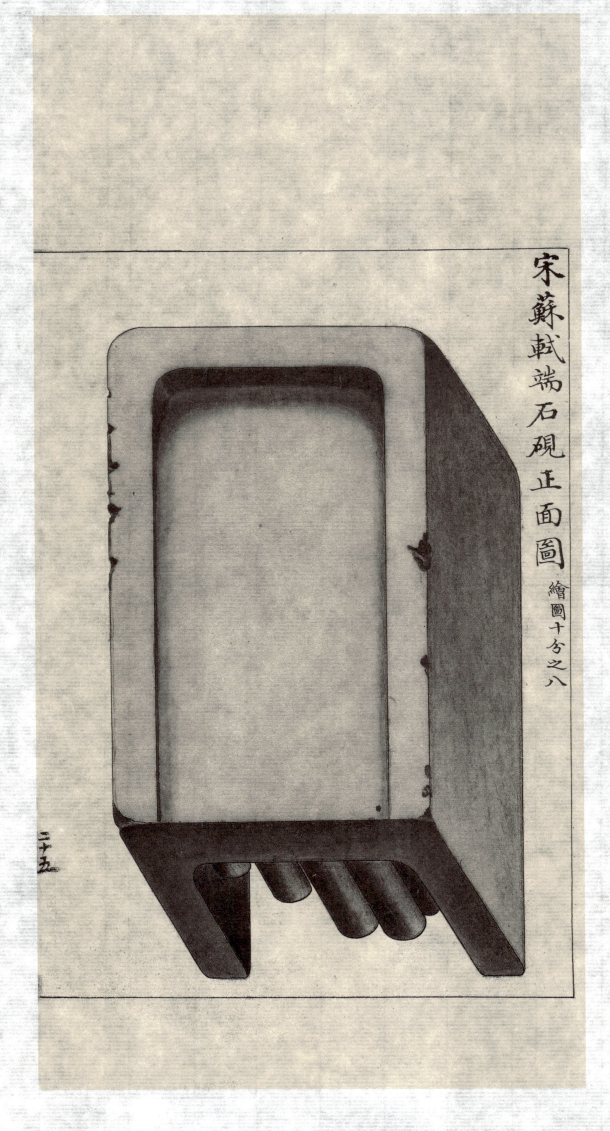

御題銘不可寫於此
處今已另補圖
一頁可移寫於
下頁

宋蘇軾端石硯背面圖

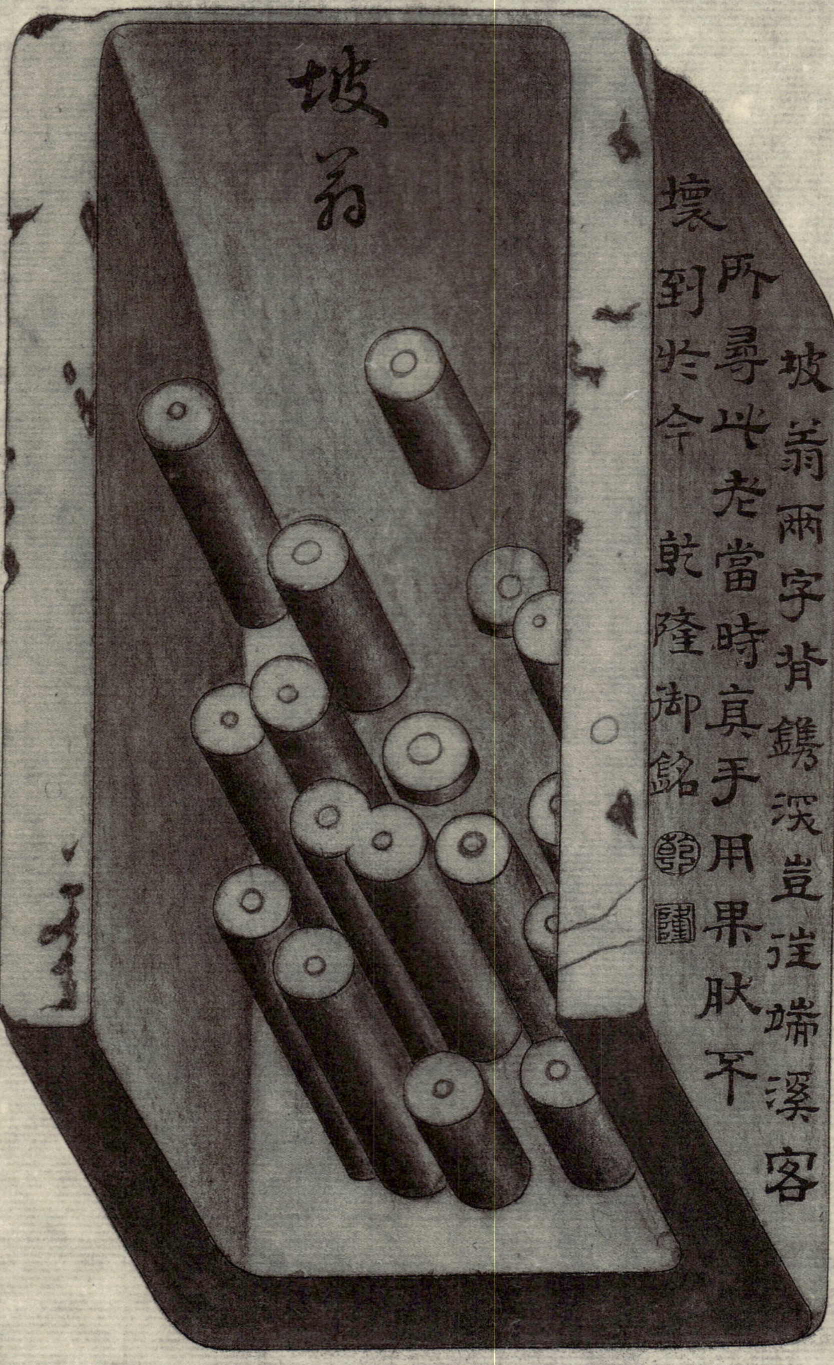

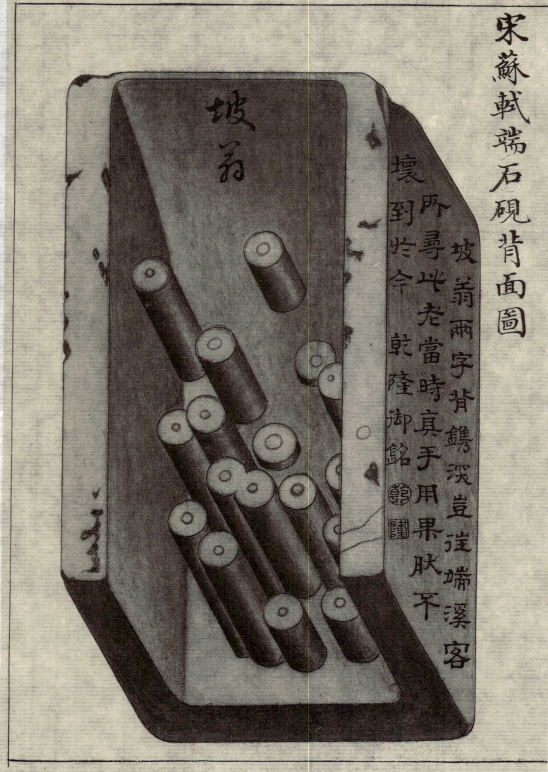

後半頁
接寫說

宋蘇軾端石硯左方側面圖

坡翁兩字背鐫溪登𧤜端溪客所寶此老當時真手用果然不壞到於今 乾隆御銘 乾隆

三十六

宋蘇軾從星硯正面圖 繪圖十分之八

宋蘇軾從星硯背面圖

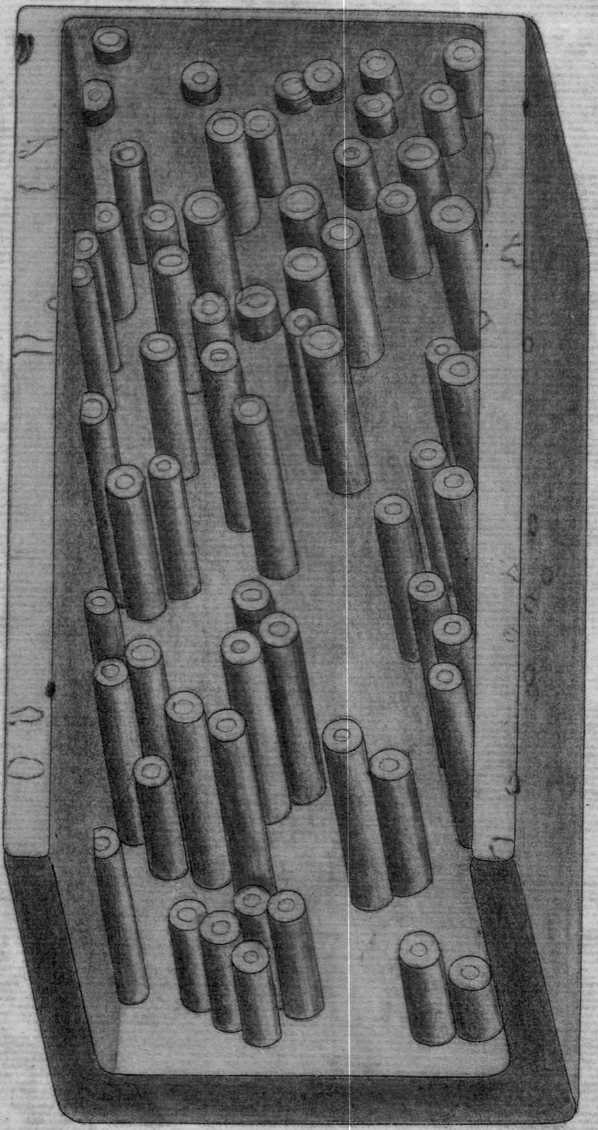

宋蘇軾從星硯硯首左方側面銘款圖

天池一月印空宇衆星攢㸌火寧杷比陶泓永淂完依朕北朝宋真凼老坑端清伴文房暇摛辭𢘋染翰
乾隆丁酉新
旹御題

月之從星時則風雨汪洋翰墨將此是似黑雲浮空漫不見天風起雲移星月凜然
軾

三九

宋蘇軾從星硯說

硯高五寸寬二寸八分厚一寸八分宋端溪梅花坑石色淡白而微黃墨池一眼凸起如月流雲擁之左側鐫宋蘇軾銘三十二字後有軾一字款俱行書下有子瞻二字方印一上方側鐫

御題五言律詩一首隸書鈐寶二曰比德曰朗潤覆手列柱幾七十柱各有眼如散星俱不圓暈而黃稍遜水阬而製作確係宋式匣蓋正面鐫

御題詩與硯同鈐寶二曰幾暇怡情曰得佳趣下方側
鐫臣于敏中左側鐫臣梁國治臣沈初臣彭元瑞
上方側鐫臣董誥右側鐫臣劉墉臣金士松臣陳
孝泳詩各一首俱楷書

三十

御製題宋蘇軾從星硯

天池一月印空宇衆星攅爝火寧相比陶泓永得完依然北朝宋真出老坑端清伴文房暇擒辭愜染翰

宋蘇軾從星硯銘　月之從星時則風雨汪洋翰墨将此是似黑雲浮空漫不見天風起雲移星月凜然

臣于敏中詩　端溪蕉葉淡初舒潤助精良玉不如横理截雲諳宋製右銘從月辨坡書世循紀甲

徵非近柱擬周星數有餘
清暇擒毫探理窟還勝挹水借方諸
臣梁國治詩　秀韻此天成端然古澤瑩從星知
有好對月騐哉生翰墨緣堪結烟雲勢尚縈
重題七百載占歲正文明
臣沈初詩　游藝珍山骨涵精出水巖製存北宋
古銘辨老坡嵌矗柱看星聚窪池得月銜
天章垂炳煥光彩糞雕函

臣彭元瑞詩　鍾乳滴為柱浮漚帖作釘梅花嶺外石玉局觀中銘閱歲宣和上旋生甲子零披文
闕
睿賞惟壓月從星
臣董誥詩　粤嶠琳腴巧匠鐫元豐元祐未知年
妙書每助三鋟筆豪思真宜萬斛泉月湧猶疑池過雨星環欲作柱承天
宸題藻翰輝珠斗

心鏡高深仰印川

臣劉墉詩　軾銘留宋製積潤想溪潛爍若霄聯曜炯如雲抱蟾足徵羣拱義可應屢豐占摛翰春生早膏流品彙霑

臣金士松詩　古硯星文煥涵空月影高池蒸雲起潤匣貯翠流膏貫石睛含鴝承天柱列鼇詞源蘇海接拂拭慶斯遭

臣陳孝泳詩　鸜鵒眼凝水羚羊峽破山星光頫若晰墨彩黝然斑銘結軾詵友珍羅顗楮閒惟宜天藻染列宿筆端環

宋蘇軾龍珠硯正面圖

宋蘇軾龍珠硯背面圖

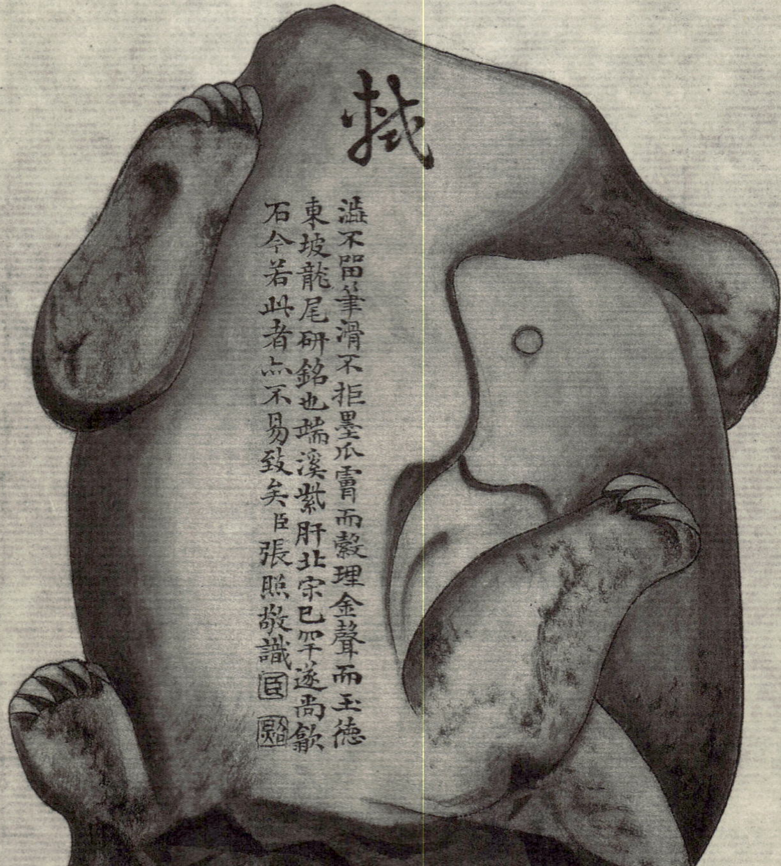
軾
澁不留筆滑不拒墨瓜膚而縠理金聲而玉德
東坡龍尾研銘也端溪紫肝北宋已罕遂尚歙
石今若此者亦不易致矣臣張照敬識
臣
照

宋蘇軾龍珠硯硯首側面圖

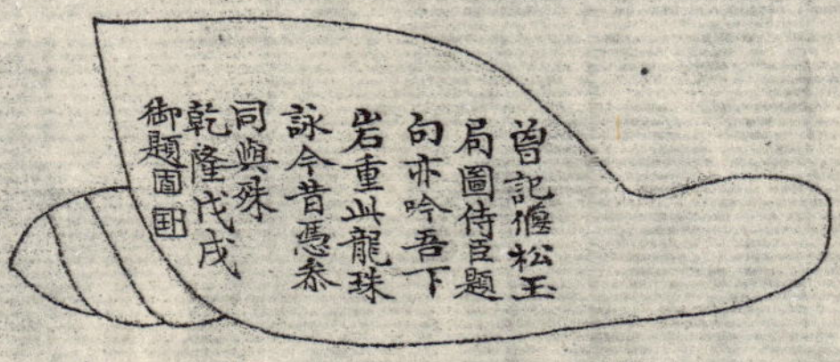

三十五

宋蘇軾龍珠硯説

硯高四寸七分上寬三寸五分下寬三寸許厚約一寸許宋坑端石為之隨石質天然屈曲琢為驪龍抱珠形龍首雙角矗起左顧覆珠珠上方稍窪從左繞右為墨池下為受墨處龍右前爪抱珠左後爪上屈尾水倒卷如旋渦鱗甲生動龍頷側鐫

御題詩一首楷書鈐寶二曰太璞匣蓋内並鐫是詩鈐寶一曰幾暇怡情硯背為龍腹右前爪及左後爪皆上

屈上方鐫軾字欵一行書左方鐫張照識語四十
六字末署臣張照敬識五字欵並楷書下有臣照
二字小方印各一右方窪處有水泡一下方剥缺
硯面龍尾及硯背龍右爪下剥處俱有青緑砂斑
考宋硯初尚端溪色若紫肝者後亦艱得乃尚歙
溪龍尾東坡嘗為銘歎賞之是硯雖非五代以前
舊坑石而細膩滋潤絶勝宋元以後人儲藏佳硯
當係宋時下巖新石且經東坡署名寶用尤為藝

三十六

林增重宜元吳鎮復以舊澄泥倣爲之也今二硯
並登
天府兩美必合洵非偶然矣匣蓋鐫
御題詩与硯同隸書鈐寶一曰幾暇怡情

御製題宋蘇軾龍珠硯

曾記偃松玉局圖侍臣題句亦吟吾下岩重此龍珠詠今昔憑參同與殊

臣張照識語　澁不留筆滑不拒墨瓜膚而縠理金聲而玉德東坡龍尾硯銘也端溪紫肝北宋已罕遂尚歙石今若此者亦不易致矣

宋晁補之玉堂硯正面圖

繪圖十分之八

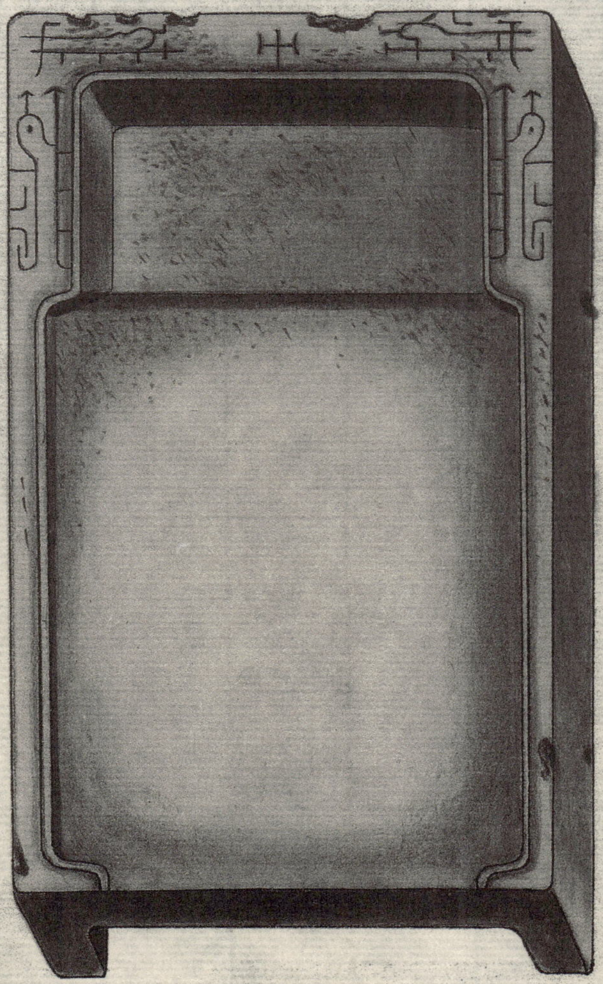

三十八

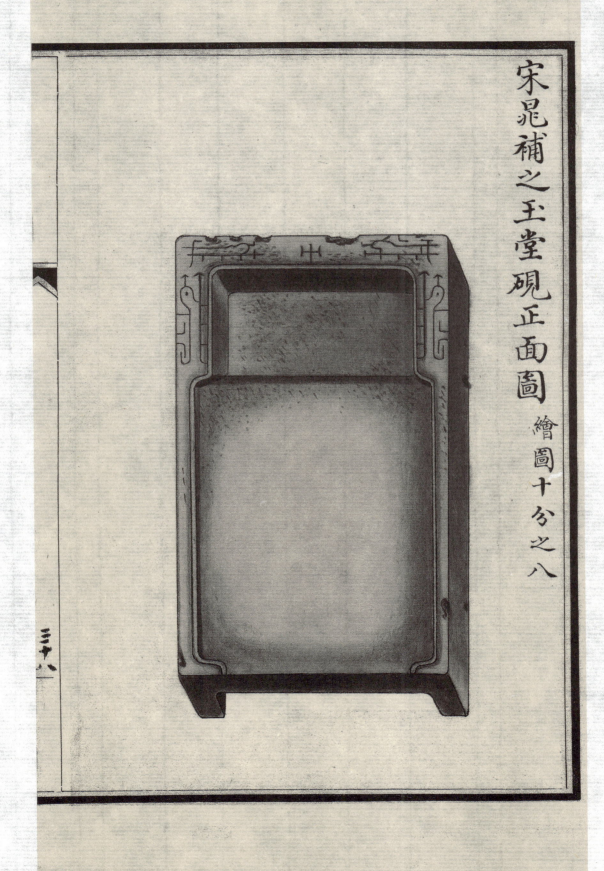

宋晁補之玉堂硯背面圖

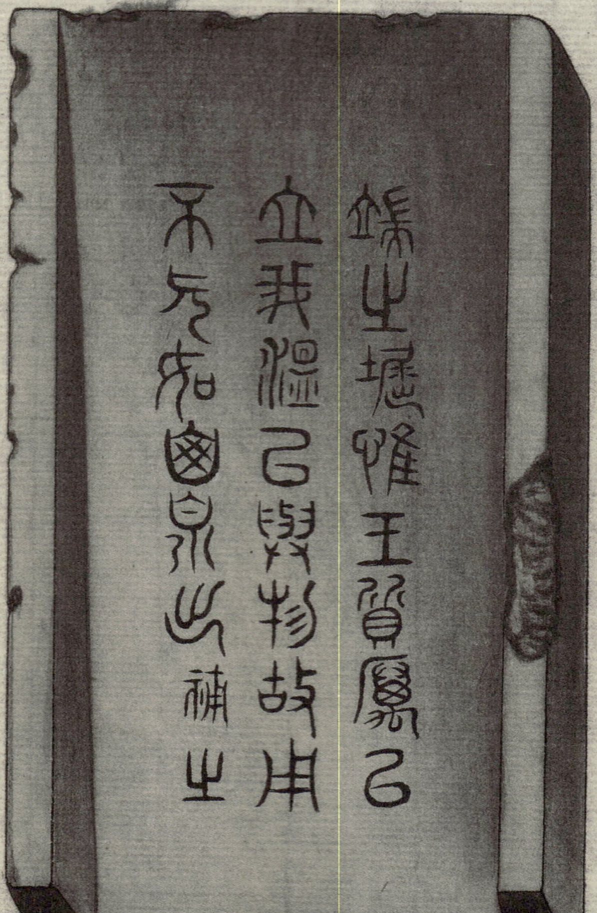

宋晁補之玉堂硯上方側面圖

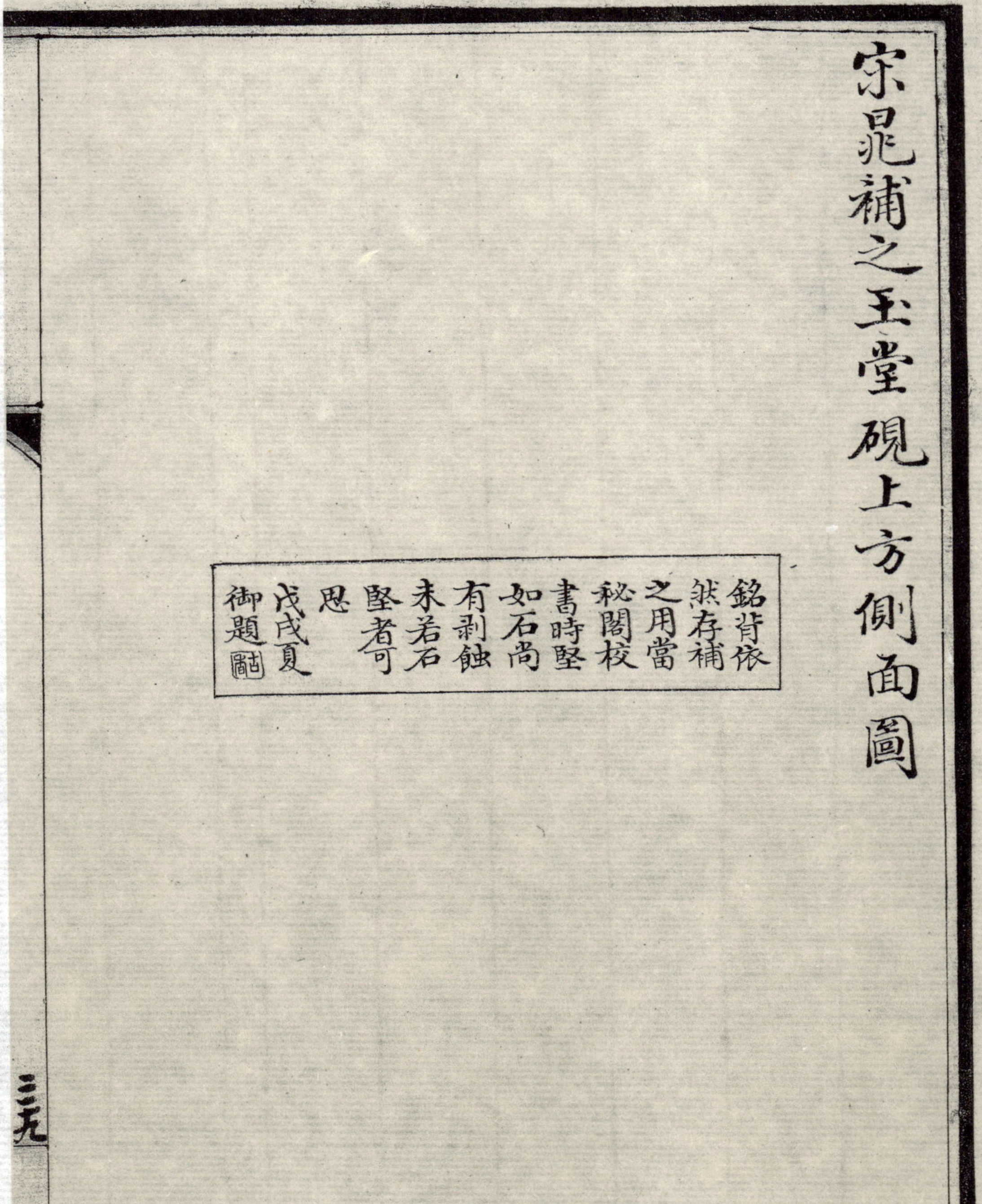
銘背依
然存補
之用當
秘閣校
書時堅
如石尚
有剥蝕
未若石
堅者可
思
戊戌夏
御題

宋晁補之玉堂硯説

硯高五寸一分寬三寸一分厚七分宋老坑端石色黝而質堅通體俱有剥蝕墨池寬平較受墨處微狹旁及上方刻四螭内向覆手兩旁自上削下為兩跗離几四分許中鐫銘二十二字下有補之二字款俱篆書上方側鐫

御題詩一首楷書鈐寶一曰古香匣蓋並鐫是詩隸書鈐寶一曰幾暇怡情案宋晁補之字旡咎舉進士元祐

初名試館閣授秘書郎以秘閣校理出通判揚州
兼善書畫是硯蓋其所染翰者匣並鐫
御製詩與硯同隸書鈐寶一曰幾暇怡情

御製題宋晁補之玉堂硯

銘背依然存補之用當秘閣校書時堅如石尚有剝蝕

未若石堅者可思

○○宋晁補之銘　端之壥惟玉質厲以立我温以輿

物故用不既如自泉出

四十一